JN021883

植民地教科書と「アジア民衆像」

Colonial Textbooks and "Images of Asian Peoples"

植民地教育史研究年報◎ 2022　25
Reviews of Historical Studies of Colonial Education vol.25

植民地教科書と「アジア民衆像」

2022　植民地教育史研究年報　第25号　目次

Ⅳ. 資料紹介

Ⅴ. 旅の記録

Ⅵ. 追悼　竹中憲一先生

巻頭言

ある「つぶやき」から

岡部芳広 *

　先日、ツイッターに流れてきたある「つぶやき」が目に止まった。それは、37 歳の誕生日を友人に祝ってもらった帰り道、大阪の繁華街で複数人から暴行を受けたということを、被害にあった本人がツイートしたものだった（「このようなことがありスマホを奪われたので、目下連絡がつかない」ということを、友人に向けて発信したツイートだった）。この方は「ちゃんへん.」さん（本名金昌幸：キム・チャンヘン）という、ジャグリング・パフォーマーとして、関西を中心に広く国内外で活躍されている方だ。字数制限のないフェイスブックには後日、事の経緯についての詳細がアップされた。ちゃんへん. さんのインスタグラムをフォローしているある人が、そのとき偶然ちゃんへん. さんをみつけて、「あ、ちゃんへん. さんや！」というニュアンスで、一緒にいたグループの人たちに「この人有名人ですよ！」と言い、そして「北朝鮮の人なんです」と付け加えたのだ。すると、酒に酔っていたそのグループの一人が、「日本おったらあかんやろ」など暴力的で差別的な言葉を口にし、ちゃんへん. さんの顔を殴るなどをしたとのことだった。

　理由にかかわらず、暴力をふるうことが間違っているのはいうまでもないが、この話には、それ以外に間違っていることが 2 つある。ひとつ目は、「北朝鮮の人なんです」だ。ちゃんへん. さんは「北朝鮮の人」なのだろうか。ちゃんへん. さんは『ぼくは挑戦人』というライフヒストリーを出版しており、それによると彼のルーツはこうだ。父方のハラボジ（祖父）は、朝鮮半島の釜山に生まれ、1943 年、14 歳の時に日本に渡って来た。同じくハルモニ（祖母）は、朝鮮半島の南西にある済州島出身で、12 歳の時に日本に渡って来た。どちらも日本に渡って来た時

＊相模女子大学

は、朝鮮半島は日本の植民地であった。このように植民地朝鮮から日本人として移り住んだ人たちが、日本の敗戦後どのような法的地位となったのかを正確に知る人は少ないように思う。1947年5月2日（日本国憲法施行の前日）に出された、大日本帝国憲法下最後の勅令であった「外国人登録令」により、彼らに付与されることになったのは「朝鮮籍」というもので、これは「国籍」ではなかった。敗戦直後、朝鮮半島に独立国家は成立しておらず、「朝鮮半島出身者」という意味で設けられたのが「朝鮮籍」であり、外国人登録証（現在は在留カード）の国籍欄（在留カードでは、国籍・地域欄）に書かれることとなった「朝鮮」という文字は、国籍ではなく「記号」であった。1948年に大韓民国と朝鮮民主主義人民共和国が相次いで成立し、いわゆる分断国家の状態となると、「朝鮮」という記号から「韓国」という「国籍」に書き換えることができるようになった。日本国政府は韓国のみを国家として承認していることから、「国籍」としての「韓国籍」と、「記号」としての「朝鮮籍」が併存する状態が今なお続いているわけだが、こういった事情をどれほどの人が理解しているであろうか。ちゃんへん．さんを殴った人のように、「朝鮮籍」は「北朝鮮籍」であると誤解している人がどれほど多くいることか。

『ぼくは挑戦人』には次のような部分がある。ちゃんへん．さんはジャグリングに目覚め、本場アメリカでの修行を希望するが、渡航するにはパスポートが必要である。そのために韓国籍の取得を考えるが、それを知ったハルモニは激怒する。ハルモニは前述のとおり済州島出身であるし、韓国を支持していないということではない。「韓国籍を取得することは南北の分断を認めることになる」という思いがあったからだ。朝鮮籍の人の中には、韓国を支持しないからという人も当然いるだろうが、ちゃんへん．さんのハルモニのように、南北の分断を認めないからという人がいるということも、我々は知っておかなければならない。（その後、ちゃんへん．さんは韓国籍を取得し渡米する）

2つ目の間違いは、「日本おったらあかん」である。在日コリアンの人たちがなぜ日本にいるのかという歴史的経緯について、これも多くの人が知っているとはいえない状況であろう。朝鮮人の移住は、1910年から始まった「土地調査事業」により、多くの人が土地を奪われたことから

始まり、その後様々な理由で続いたが、1939年からの労務動員（時期により様々な形態があったが、強制的なものもあった）によるものも多かった。戦後、故郷に帰ることを希望する人も多かったが、日本の植民地支配により朝鮮半島での生活基盤が崩れていたり、朝鮮半島が社会的にも政治的にも混乱していたこと、また日本政府による財産の持ち出し制限などの問題もあり、日本に留まらざるを得なかった人が多数いたという事実を理解していれば、「日本おったらあかん」という言葉は出てこなかったはずだ。

　このように、2つの「間違い」はともに、日本の植民地支配が原因で発生した事象に対して、戦後の日本社会が誠実に向き合ってこなかったことの表れだ。もちろん誠実に向き合い続けてきた人たちが少なくないことは承知しているが、社会全体としてはそうではなかっただろう。そのために、ちゃんへん．さんは少年時代、酷いいじめにあっている。彼は1985年に京都府宇治市の「ウトロ地区」で生まれた。もともとの「宇土口（うとぐち）」という地名が、そこに移り住んだ在日コリアンの人たちによって「ウトロ」と呼び慣わされるようになったという（北海道のウトロとは関係がない）。ウトロ地区になぜ在日コリアンが多く住むようになったのか。1940年代に計画された、「京都飛行場」とそれに併設される予定だった飛行機工場の建設のために、植民地朝鮮から多くの人が移り住んだことが起源としてあり、戦後も在日コリアンが集まってきたことにより、在日コリアンの居住地区となったわけである。ちゃんへん．さんはここで幼少年時代を過ごすが、小学校で受けたいじめは想像を絶する。クラスメートからの無視や嫌がらせに始まり、上級生からも、「いじめ」ではすまされない、命を脅かすほどの暴力行為を受け続けた。その加害児童らは、親から「朝鮮人とは関わるな」「遊ぶな」と言われたりしており、中には「朝鮮人は日本人の敵だからやっつけろ」と焚きつける親までいたという。歴史に向き合わず、問題を無視し続けたことが、こういった在日コリアンに対するヘイトを生む土壌を作ったことは、疑う余地がない。

　また、歴史に向き合わないことは、「過去を知らない」だけでなく、「今を知らない」ことにも繋がる。例えば、真しやかに語られる言説として、「台湾は親日」というものがある。確かに台湾に行くと、そのように感じ

ても不思議ではない場面に多く出会う。しかし、その理由を安易に「台湾の人たちは日本が好きだから」や、「日本の植民地支配がよいものであったから」とするのはあまりに短絡的で手前味噌な事実誤認である。酒井亨は台湾の「親日」を「幻想」であるという。しかしそれは、「台湾は親日ではない」と言うものではない。歴史を知り、そして台湾が過去・現在の日本のどういった側面を評価しているのか、またしていないのかを知るべきだというのだ。酒井は「親日」の大きな理由を、二・二八事件に代表される戦後の国民党政権による「失政、裏切り、不誠実、虐殺」だとする。植民地から解放され、新しい体制に期待を寄せたにもかかわらず、実態は新しい外来政権からの暴政で、「それならまだ日本の方が"まし"だった」という「相対評価」により日本の株が上がったということだ。そういった歴史に基づいた認識なしに、「台湾は親日」というところだけを掬い取るのは間違っている。

　では、歴史に向き合ってこなかったことを克服するために重要なことは何か。それはやはり「教育」（学校教育だけではない、広い意味での教育）であろう。あらゆる教育の場（学校、社会、家庭など）で、歴史を伝え、事実を伝えることを繰り返す必要がある。私は大阪市出身で、小学校の校区に在日コリアンの居住地区があり、そこに住んでいた同級生が何人もいた。しかし、学校からも周りの大人からも、彼らがなぜそこに住んでいるのかをきちんと教わることはなかったし、お隣京都のウトロ地区についても知る機会はなかった。日本の植民地支配の実態、そして現代社会との関わりについて、私たちは真摯に向き合い、それらを次世代に伝えていかなければならない。ちゃんへん．さんは学校を中心に年間100回を超える、ジャグリングと「朝鮮人／挑戦人」としての自らを語る講演をされており、これは実に意味の深い「教育活動」である。

　また、ちゃんへん．さんに暴行をはたらいた人物のように、ヘイトに走る若者の存在に目を向けたとき、歴史認識の問題だけでなく、今の社会が抱える彼らを取り巻く問題についても考えていかなければならないだろう。ちゃんへん．さんは『ぼくは挑戦人』の中で、次のようなエピソードを語っている。京都で「ヘイト・デモ」が行われるということで、ちゃんへん．さんは実際に見てみようと思い、現場に赴いた。デモが始まる前に近くのフードコートで食事をしていると、後ろの席で旭日旗を

リュックに挿した青年2人が「朝鮮人が云々・・・」と会話をしていたという。興味をもったちゃんへん．さんがその2人に、自分は朝鮮人なのだが、君たちはどういう目的でデモに参加するのかと問いかけると、彼らは、朝鮮人とかよくわかってないのだが、終わった後にみんなで飲みに行ったりするのが楽しくて参加しているとのことだった。驚いたちゃんへん．さんは「お前ら友達おらんのやろ。そんなんやったら俺と友達なって、今度一緒に飲みに行こうや」と誘い、実際に、在日コリアン、ネイティブ・コリアン、日本人とりまぜての飲み会を設定した。その飲み会を楽しんだ2人は、「普段はネットで共通の趣味について語ったりしてるんですが、会社でむかつくことがあったりすると、ネットで朝鮮人や障害者の悪口を書いて盛り上がったりしてました」、「ネットが自分の居場所みたいになってて、たまにストレス発散できる場所を求めてゲーセンに行ったりしてたんですけど、そんな感覚でデモにも参加してました」と語ったという。単に歴史認識だけの話ではなく、若者をこのような境遇に追いやっている現代社会のありかたについても、同時に考えていかなければならないのではないだろうか。

　本研究会では、「教育が重要」だという問題意識に基づいて2019年から『植民地教育史ブックレット』を刊行してきた。現在8タイトルを数えるに至ったが、次の世代に対して歴史を継承するための営みのひとつとして、今後も広い分野を扱い、続刊していきたい。本研究会は「アジアに信を得る」研究を目指して活動してきたが、その研究成果を広く教育の場に還元することにより、研究と教育とをつなぐ役割を果たしていきたいと考えている。

　※　ちゃんへん．さんのジャグリングは、Youtube などで観ることができます。素晴らしいパフォーマンスをぜひご覧になってみてください。
　　https://www.youtube.com/@CHANGHAENG

《参考文献》
ちゃんへん．著、木村元彦構成『ぼくは挑戦人』ホーム社、2020年
李里花編著『朝鮮籍とは何か−トランスナショナルの視点から』明石書店、2021年
酒井亨著『「親日」台湾の幻想−現地で見聞きした真の日本観−』扶桑社、2010年

I. 特集

植民地教科書と「アジア民衆像」

日本植民地教科書にみる「アジア民衆像」

佐藤広美 *

　日本の植民地教科書には、日本がアジア諸国の人々をどのようにみていたのか、その上で、いかに日本の考え方を教え植民地として支配しようとしたのか、その点が端的に示されている。本シンポジウムは、台湾、朝鮮、満洲、東南アジアの教科書を分析し、日本が植民地におけるアジア民衆像をどのように描いたのか、その解明を行うことを目的にして開催された。今後の課題究明の第一歩である。

　日本はアジアの民衆をどのように見たのか。植民地の支配を行うために、アジアの人々の暮らしや考え方をいかに捉えようとしたのか。その上で、どのようにして日本の考えをアジアの民衆に教えようとしたのか。私は、植民地朝鮮の修身の教科書を使って、その描かれた朝鮮における民衆像の一端を紹介してみよう。

1. 「韓国併合」と朝鮮の民衆――『修身教科書』より

　朝鮮総督府は、朝鮮の子どもたちに「韓国併合」の歴史的必然性を教える重要性を自覚し、教科書の記述に最大限の注意を払っていた。

　1910（明治43）年、日本は韓国を併合し、朝鮮民族から主権を完全に剥奪した。朝鮮総督府は朝鮮人教育の権限を握り、翌11年に朝鮮教育令を公布、朝鮮人の教育は「教育ニ関スル勅語ノ旨趣ニ基キ忠良ナル国民ヲ育成スルコト」とした。日本帝国臣民化のためには、天皇制思想の注入と日本語の教授とが基本であることを強調した。

　併合初期、総督政治は武断政治とされたが、1919年3月、朝鮮民族が独立と自由を求める3・1独立運動が起き、総督政治は武断政治から文化政治への転換を余儀なくされる。第2次朝鮮教育令が公布（1922年）さ

＊東京家政学院大学名誉教授

れ、「内鮮共学」を定める。修学年限が 4 年から 6 年に延長され、日本歴史、地理などの教科が増設された。同時に、総督府は、これを機に「朝鮮人タルノ観念」の否定に本格的に乗り出すこととなる。

　朝鮮人は日本に支配されなければならないという「韓国併合」の歴史的必然性を説く教科書の出現であった。韓国併合後の朝鮮総督府編纂第 1 期修身教科書（1912 年〜）には、日本帝国の臣民化を促す教材が収まっている。「テンノウヘイカ」（巻一）、「祝日　大祭日」「明治天皇」（巻二）、「我が国体」「日本国民」（巻三）、「大日本帝国」（巻四）などである。しかし、韓国併合を扱う教材はなかった。

　それが、1919 年の 3・1 独立運動後の、第 2 期修身教科書（1923 年〜）には、朝鮮民衆はどのような存在であり、そうであるからこそ「韓国併合」は生じたとする記述が現れる。

　『巻五』（5 年生）の「我が国（其の二）」は述べている。

　「朝鮮は党派の争いがあつて一致せず……民力は大いに疲弊しました……外交にもたびたび失敗して困難しました」。「多年の弊政は全く除くことがむずかしく……朝鮮人中にも国利民福のために、日本との合併を望む者が盛んに出て来ました」。

　さらに、教材の趣旨が記されている『教師用書』を見ると、「農事の改良を図つた」「商工業の進歩を図つた」「昔にくらべれば、人民はどれほど幸福であるか分かりません」と植民地化によって近代化が促進されたと口頭で朝鮮の子どもたちに説明を補いなさいと述べていた。「昔は大抵道路が悪く、交通は極めて不便で、旅行には非常に難儀をしましたが、今では方々に広い平かな道路が通じたばかりでなく、陸には汽車、海には汽船が往来して、交通がまことに便利になりましたので、旅行するにも、昔の人の難儀したやうなことは夢にも知らないのです。」

　これは、朝鮮民衆は日本の政治的支配下に置かれて当然であるという心性（被支配民族として生きるモラル）を教える教材であった。朝鮮人としての独立の観念を抑え込み否定するためには、朝鮮民衆は自らの国を治める能力をもたず停滞し（他律性史観）、植民地化によって朝鮮は近代化が促進された（植民地近代化論）という、総督府の考えがはっきりと示されていた。総督府は、自らの朝鮮民衆像を描き出してそれを押しつけることで、植民地支配をより強固なものにしようとした。朝鮮人の

子どもたちに、「あなた方は被支配民族として生きることが幸福である」という民衆像を提示する教科書が存在していたことが分かる。

アジア民衆像を描いて植民地支配をすすめる。朝鮮の修身教科書は端的にそれを示している。植民地教科書にたいする「アジア民衆像」の視点による解明は、このようなあらたな事実を見いだすことができるのではないだろうか。

2. なぜ、「アジア民衆像」か

なぜ、アジア民衆像に視点をあてて、植民地教科書を分析してみるのか。その意義は何か。教科書における「植民地主義」をより深く捉えたいという思いからである。

私たちは、これまでに、幾つかの視点、つまり植民地教育の支配理念から植民地教科書の分析を試みてきた。

第一は、「日本化／日本人化」である。日本の植民地支配は、欧米のそれと同様に、政治的隷属と経済的搾取を行いながら、それにとどまらず、「一視同仁」の天皇制理念を掲げてアジア民衆を精神的に包摂しようとした。そこに著しい特徴があった。アジア民衆の生活と思想を「日本化／日本人化」しようとした。日本語教育がことさらに重視されたのもそれ故である。

「日本化／日本人化」は、したがって「同化政策」であったが、日本は、日中戦争期（1937年〜）以降、この「同化」政策をあえて「皇民化」政策と名づけた。欧米の植民地支配（文明化による同化と差別）とは明らかに区別しようとして、天皇制下の「一視同仁」政策によって、差別のない民族支配を装う「皇民化」であるとした。この皇民化はしかしアジア民衆の生活の固有の文化や尊厳を著しく軽視したものであったろう。

第二は、「内地延長主義」と「現地適応主義」である。植民地教育は、日本国内の「新教育」を積極的に取り入れる試みを行った。それ故、日本国内の新教育は、「似而非児童中心主義教育」「似而非生活主義教育」であった。新教育は植民地支配を肯定した。新教育運動の担い手たちは、積極的に植民地に赴き、植民地の教科書作成などにかかわった。

　植民地の教育政策者は、被植民地住民の異質な生活、文化、言語とい
う大きな壁にぶつかり、現地の人々の生活に即応する教育のあり方が否
応なしに求められた。内地延長主義の同化方針だけでは植民地教育は不
可能であった。アジア支配の境界領域では「新教育」の利用は不可避で
もあり、現地適応主義が取られた。

　第三は、「近代化／文明化」についてである。日本人化の方針は、地
域によって異なった原理を採用した。台湾や朝鮮などは、「文明化とし
ての日本」「近代化が進んだ国としての日本」というイデオロギーを利
用した。文明化・近代化された日本のような豊かな生活を獲得するため
に、アジアの人々は日本人化されなければならない，という理念であっ
た。一方、大東亜共栄圏期（1940 年～）以降のアジアの民衆には、「欧
米帝国主義的植民地支配からの解放をすすめる日本」という理念を提起
した。アジアの解放をすすめアジアを興す指導国日本という精神と理念
の注入であった。「文明化／近代化」と「アジア解放」という二つの路線
による植民地教育政策であった。

　これら三つの視点と理念によって、植民地の教科書はそれぞれの地域
で作成されてきたものだといえよう。「日本化／日本人化」、「内地延長主
義／現地適応主義」、「近代化・文明化／アジア解放」という三つの理念
という視点から、私たちは教科書の分析を行ってきた。

　この理念による植民地支配の実行は、いずれもアジア民衆をどう見る
のか、という日本の植民地教育政策者における根本的な観念によって左
右された。これら三つの理念は彼らの民衆観によってその程度が決めら
れていくものであった。彼らのアジア民衆像によって植民地教育政策は
策定されていったのではなかったか。

　では、教科書に描かれたアジア民衆像は、どの程度、実際の民衆の姿
を映し出していたものだったろうか。支配のために、前もって意図的に
観念された歪んで固定化されたアジア民衆像でしかなかったのか。それ
とも、現実的で実際的な生活や文化のあり方をよく描いており、そこに
は好意的な眼差しさえ存在したものだったのだろうか。日本のアジア民
衆像に対するそうした分析を通して、植民地教育支配の実態はより深め
られていくものだろう。

　なお、植民地行政官僚におけるアジア民衆像について、その分析の意

義にひと言触れておきたい。佐藤由美は、朝鮮学務官僚の思想を扱い、「彼らが異文化をどのように受けとめ、どのように政策に反映させたのかという思索の跡を辿る」ことを論じていた。これは重要な指摘であった。戦前の教育行政研究の主流は「官僚のための教育行政学」であり、その特徴は、教育の事実から出発するのではなく決められた国家の法規から出発する解釈学であったとされた（宗像誠也『教育行政学序説』1954年）。植民地の支配のためには（植民地だからこそ）、教育の事実から出発する教育行政が行われた可能性があったということになる。はたして、植民地教育行政官僚はどこまでアジア民衆の異文化をとらえることができたのか、そこに自らの支配遂行の任務との間に生じる矛盾・葛藤がどの程度存在していたのか。植民地教科書行政にかかわった学務官僚の思想の検討も興味深いだろう。

　日本植民地教科書にみる「アジア民衆像」の解明はこのような意義をもつ。これを第一歩としたい。

【参考文献】

佐藤由美『植民地教育政策の研究〔朝鮮：1905 － 1911〕』龍渓書舎、2000 年

佐藤広美『植民地支配と教育学』皓星社、2018 年

佐藤広美「日本の植民地教科書には何が描かれていたのか」『日本の植民地教育を問う』皓星社、2020 年

佐藤広美「「併合」下の教育　被支配は必然と教科書で説く」『日韓の歴史をたどる』　新日本出版社、2021 年

植民地台湾の「公学校用国語読本（第一種)」（第四期）をもう一度読む
——編修課の作り手たちに関する考察を中心に——

陳虹彣 *

はじめに

　筆者はこれまで 1937 年以降植民地台湾の公学校（1941 年度以降国民学校）で使われた一般台湾人生徒向けの第四期、第五期初等国語教科書を中心に調査を進めてきた。教科書編集者の研究、教材の分類・分析、国定本との比較などを通して教科書の構成と特徴を明らかにしてきた。今回は特集テーマである「教科書から見る『アジア民衆像』」を機に、これまでの蓄積を見直したところ、いくつか今まで考えなかった新しい課題に気が付いた。また、個人の反省として、台湾総督府の編集体制についてもより詳しい整理が必要だと感じている。何かできないかと思案する中、今年の夏に元龍肚公学校（現龍肚小学校）の卒業生 3 名に出会った。

　3 名の卒業生はそれぞれ 1937、1938、1940 年度の入学生であり、国語の授業で 1937 年から刊行された第四期「公学校用国語読本（第一種)」[1] で勉強していた。第四期の国語読本は 1937 年から 2 冊ずつ刊行されたが、1941 年国民学校制度への変更に伴い、新たに国民学校用の国語教科書が刊行された。第四期の国語読本は実質 1937 ～ 1940 の 4 年間に入学した公学校生徒のみ使っていた。この 3 名とも 90 歳を超えるご高齢ではあるが、健康状態はよく、昔公学校での思い出もよく覚えているという[2]。お会いしたときに、事前に用意した巻 1、巻 2 の画像を見せたところ、3 人とも嬉しそうにカタカナをみて声を出して読み始めた。終戦後日本語の勉強も話すこともしなかったのに、はっきりとカタカナやひらがなを覚えており、挿絵を見て描かれている物の名称を日本語で話せた。幼い時

＊平安女学院大学

期に受けた教育の影響力を見せつけられた気がした。

　この出会いをきっかけに、もう一度第四期の国語読本を読みなおし、「アジア民衆像」を追究する前置作業としてこれまでの調査の補足をしたいと考えている。

1.　植民地台湾の教科書を作った人たち

　植民地台湾における教科書の編修は時期によって担当者や編集体制が変わるが、統治初期から台湾総督府に教科書編集担当の専門スタッフもしくは専門部署が置かれていた。第四期国語読本の場合、実際の編集作業にあたっていた編修官は加藤春城であることはわかっているが、編修課全体でどのように役割分担をしているのかについてはまだ解明されていない。そのため、まずは実際の編集作業を担当する編修課の役割分担を明らかにしようと、第四期国語読本の編集が着手された 1935 年頃の編修課を調べてみた。

　表は 1935 年度編修課に在籍する編修官、編修書記、嘱託及び臨時雇いについてまとめたものである[3]。当時の官制によれば、編修課には専任編修官 2 名、専任編修書記 3 名が置かれている[4]。表によると、編修官は国語学校・師範学校、初中等学校などで教育歴がある人から任用している。編修書記は庶務担当も含めるので、初中等学校での教育歴がある人、社会教育関連業務に詳しい人などから採用している。なお、嘱託についての規定はないが、安倍明義のように「蕃童」教育関連に詳しい人物が退官後、嘱託という形で勤務することもある。

　また、兼任編修官森谷一が 1933 年に任用されたのは、未完成であった 25 種類の教科書編集を 1935 年までに完了させるためであった[5]。森谷が担当する予定だったのは実業科目（主に農業）の教科書であった。なぜ兼任の編修官を置く必要があったか。主な原因は編修課における深刻な人員不足にあるという。

　1922 年の第二次台湾教育令以降、学校制度および教授科目などに変更があった。それに合わせて新設科目の教科書及び既存科目の教科書内容を調整する必要があった。編修課はその作業に追われ、10 年以上たった

表　1935年度台湾総督府文教局編修課の在籍者リスト

氏名	官職名	主な経歴
三屋静	編修官（課長）	東京高等師範学校本科国語漢文部卒業。台湾総督府国語学校第一附属学校教諭、台南中学校、台南第一中学校、嘉義中学校教諭、嘉義中学校長、編修官、編修課長、視学官。（1938年度から台中師範学校長）
加藤春城	編修官	台湾総督府国語学校師範部甲科卒業。台湾総督府国語学校教諭、公学校教諭、編修書記、台北第一高等女学校教諭、編修官。（1938年度から編修課長、視学官。1943年に退官）
森谷一	編修官（兼）	視学官、台湾帝国大学付属農林専門部教授、編修官（兼任）（1933年から兼任、1935年に病気退職）
北畠現映	編修書記	嘉義中学校教諭、編修書記。（1942年度まで）
後藤大治	編修書記（兼）	台湾総督府国語学校卒業。公学校教諭・訓導、小学校訓導、編修書記、台北第一師範学校附属小学校訓導。（1942年度から編修官）
横山農夫志	編修書記	公学校訓導、台北市視学、編修書記。社会教育関連業務を担当。（1935年に退職。1936年度以降は公学校訓導に戻る）。
黄介騫	編修書記	京都帝国大学経済学部卒。同大学院入学後、同経済学部副手。台湾総督府社会課社会教育事務担当、編修書記（1937年まで）。
安倍明義	嘱託	台湾総督府国語学校師範部甲科卒業。台東庁公学校教諭、庁視学、編修書記、台北第一師範学校教諭、編修課嘱託（1942年まで）。「蕃童」教育に詳しい。
黄銘鈺	嘱託（兼）	日本大学専門部政治科正科卒業、1930年から編修課勤務（1939年まで）
宮田彌太郎	臨時雇	挿絵画家、版画家、台湾美術展覧会入選歴あり

　1932年になっても編集すべき63種の教科書の中、25種類が未完成のままであった。そのため、編修課は1935年度までに残りの教科書を完成すべく編修計画を立て、総督府に増員もしくは兼任編修官3名の任用を願い出たのである。兼任編修官を任用する場合、兼任者を師範学校もしくは視学官から選任することも計画に記されている[6]。

　しかし、編修課の希望通りには行かず、最終的に兼任編修官1名のみが任用された。当時の教科書編修は通常1～2科目ごとに編修官1名と編修書記（専任、兼任、嘱託を含む）1～2名で担当し、教科書1～2冊を作成するのに1年以上かかる。計画していた人員の数が揃わなければ、編修の日程も遅れることになる。実際、この時の計画で1934年に出版すると予定されていた第四期公学校用国語読本は、計画より3年遅れの1937年度にようやく巻1・巻2が刊行された。新しい国語読本の編修の順番が後回しにされたのはすでに第三期の国語読本があったからではあるが、編修課の人員不足もそれに加担していたといえよう。

2. 挿絵の描き手について

　植民地台湾の子ども像を具体化する主な材料として、教科書の挿絵がある。公学校用の教科書と掛図の挿絵について、明治期と大正期においては編修当局が画家に挿絵の作成を依頼し、揮毫料を支払って買い上げるという記録が残っている[7]。

　第四期国語読本の巻1は、冒頭の教材には文章がなく、全ページ色刷りの挿絵のみであった。これは、日本語ができない台湾人の1年生に、入学してすぐ教科書を使って勉強できるようにという意図であった。この初学年教材における変革は第四期国語読本の主な特徴の一つであり、これらの挿絵を描いた人が「宮田彌太郎」であることも特定できている。

　宮田彌太郎が最初に総督府の嘱託で挿絵の仕事を引け受けたのは1929年3月末から5月末の2か月間であり、月給は100円ほどあった。同年6月から文教局編修課の臨時雇員として、日給3円30銭で挿絵の担当となった[8]。さらに、1931年度に国語読本掛図、修身掛図、農業掛図の作成に挿絵の予定数が多く、揮毫料の見積額が3000円を超えるという理由で、優秀だと評される宮田の日給を4円にひき上げ、見積金額より安い年額1460円で宮田を編修課専属の挿絵担当にした[9]。その後、1933年度から台湾総督府職員録に編修課の「臨時雇い」として宮田の名前が載せられ始め、1941年度まで在籍していた。

　宮田は1906年東京生まれで1907年に家族と渡台した。1926年に日本へ戻り、野田九浦塾及び川端画学校で絵画を学んだ。1929年4月帰台後まもなく総督府の依頼を受け、依願退職するまで編修課で教科書の挿絵を描いていた。宮田は挿絵の仕事のみならず、画家としても活躍し、1927年から開催された台湾総督府美術展に毎年東洋画部で入選した[10]。

　彼は文学好きで、台湾で活動していた小説家の西川満と少年時期から親交があり、西川の文＋宮田の絵で多数の作品を残した。彼の画家としての評価について、西川は彼を「美人画家」と評価し、版画も優秀で「絵本　桃太郎」が宮田の最高作であると述べている[11]。

　台湾では美術史関連で宮田彌太郎を取り上げる研究はすでにあり、注目されたのは主に西川満との関連性、版画作品及び「台湾美術展覧会（台展・1927-1936)」・「台湾総督府美術展覧会（府展・1938-1943))」に入選

した作品である。特に台展・府展に入選した作品は女性を主役に描いたものが中心であり、美を追求し、優雅でやさしい画風についてはすでに定評があった。

　その中に、台湾の研究者林竹君は宮田が1938年からの第1〜3回府展に出品した3つの作品について考察を行い、宮田の画家としての立場と台湾に対する態度を明らかにしようと試みた研究があった[12]。この3つの作品はともに先住民の排湾族女性が主役であり、先住民の生活でよく見る場面を描いているが、国家権力と秩序がその生活に介入する痕跡が隠れ見えている所が共通していると、林は指摘する。林によれば、宮田が描く台湾は「ずっと華麗島」のままであり、彼は「美を発見する」目で台湾を注目し、絵の中の台湾には優雅と美しかないと評しながらも、彼が描く最も美しい作品はいつも「既に消え去ったもしくは消え去りつつある物事」であり、現実の存在との「距離」が彼の作品の不可欠な要素である。例えば、排湾族を描くときに、宮田は植民地統治によって変わりつつ服装や作物、生活習慣の原始的な姿をあえて保留して描くが、輪郭をぼやかすなどの技法を使い、非現実な雰囲気を漂わせる。こうした表現方法について、林は宮田が求める「原始的な姿」は植民地統治がもたらす文明の影響をうけた「理蕃後の非野蛮な雰囲気」であり、ただ本来の原始的な姿ではないと、説明している。つまり、宮田が台湾の特色を追い求める時にいつも「『華麗島』の眼鏡を通して彼が思う美を追求しているため、結局彼の作品は「『事実』と距離のある『真実』」を描く事となってしまったと、林は結論付けている。

　宮田の編修課での仕事について、関連の研究や記事においては言及されているが、教科書の挿絵自体についての考察はなかった。前述の林の研究には、宮田が編修課を退職後の1941年府展に出品した「彌兵衛と太郎左衛門」についての記述があった[13]。これまで美人画を中心に出品してきた宮田は、第四期国語読本にも登場した「濱田彌兵衛」を題材に「彌兵衛と太郎左衛門」を描いて出品した。林はこの作品に外国の勢力を追い出す意味が込められ、宮田は来場する台湾人の人々を意識し、この公学校教材で使われた「濱田彌兵衛」を題材に選んだと述べ、またこのテーマの選定には編修課勤務による影響があったのではないかと推論した。

　では、宮田の編修課での仕事をどう評価すべきなのか。宮田の弟である

金彌は兄の総督府での月俸は百円程であったことから、その仕事ぶりは結構評価されていると述べている[14]。宮田の挿絵が評価される理由について、筆者は絵の技量と才能以外に考えられる理由が2つあると考えている。一つは注文を聞き入れて絵が描けることである。もう一つは「『事実』と距離のある『真実』」を描くことができることである。

(1) 注文通りに描けること

編修課において、教材用の挿絵はどう作成されているのか。加藤編修官が編纂要旨での説明からいくつの例を挙げてみよう[15]。

加藤によれば、「挿絵といへば本文が定まってそれに適当な絵を挿むのが本則であるが、低学年の読本では、かういふ場面を絵にして、これを教材化しようといふことも実際には起って来る。それがまた相当効果を挙げるのであり、例えば巻一30頁のヘチマは「先づ絵を脳裏に画いて教材を作成した」とのことである。

挿絵の描き方にあたり、「挿絵は雀目白燕（すずめめじろつばめ）の自然の生態」、「カットの中のトンボとセミは形態を正確に写生したものである」「路傍の大榕樹の下で多くの人たちが休んでいる光景、南部平野あたりではよく見受ける」など、編集者は挿絵に対するこだわりがよくわかる。また、「絵は小川のつもり、水が清んでいるのはどぶ川での魚とりにはあまり賛成しない下心を表している」のように、細部まで気を配る教材もある。

編集者たちからの細かい注文に対し、宮田はそれに応える力を持っているため、長い間において編修課専属の挿絵画家として勤めることができたと考えられる。

巻2第14課木瓜（モックァ）

(2) 台湾の「美」を理想的に描けること

　挿絵について、加藤は基本「児童が毎日目にするもの」を中心に取材するが、挿絵を教材として作成する時は色の刺激なども考え、授業の時に話が展開できるように、ときには複雑なものを単純化にしたり、ときには理想化にしたりすると述べている。

　たとえば、巻2第4課の村祭りについては「挿絵の情景、本文の記事、本島現在の実状に比べたら、多少いき過ぎている点があるかもしれない」が、「このような情景を呈する時期は目前に到来しているといってもよい」と、教科書に描かれている絵は「期待」が盛り込まれていることも加藤は編纂要旨で明言している [16]

　このように、教科書用の挿絵は写実に描かないといけない場合もあれば、見せたい真実だけを描いて見せる場合もある。宮田は台湾総督府でこのような挿絵を10年近く描いてきた。彼の画家としてのキャリアは編修課に勤めると同時に積み重ねてきたものでもあったので、編修課での仕事が彼の画風に影響を与えたのか、彼の画風がちょうど編修課が求めるものと偶然一致したのかはもはや断定できない。唯一いえるのは、理想の美、距離のある美を描くと評されている宮田だからこそ、植民地教科書の挿絵が求めるものに応えられたのではないだろうか。

巻2第4課村祭り

3. 子どもたちは国語読本をどのように覚えているのか

　加藤編修官によれば、新読本の編纂要旨を発表したのは「編集者の考えをのべて、運用は実際家が一番の能率のいい方案を考えてほしい」からである。確かに読本の教材一つ一つは編修側の思いが込められている

が、実際に教室ではどのように運用されたかは現場の教員や教えられる側の生徒にしかわからない。

　前述の元龍肚公学校卒業生たちに巻1の画像を見せたときに、彼らは豚の挿絵をみて、とてもうれしそうに「美濃豚、美濃豚」と連呼した。

　実は龍肚公学校は1920年に美濃公学校の分校として創設された学校である。龍肚公学校が独立した時の住所は高雄州旗山郡美濃龍肚であり、美濃庄に属している。美濃地域の住民は主に広東からの客家移民であり、彼らが広東から連れてきた豚が美濃豚と呼ばれている。1897年以降台湾総督府がバンクシャーやヨークシャー等の品種の豚を台湾に導入し、以降雑種豚が増え、美濃豚のような本島豚の数量が徐々に減少した[17]。美濃豚は黒い豚で質がいいと台湾でも知名度はあるが、一部地域でしか育てられていない品種であった。編纂要旨を確認したら、巻1の22頁にある黒豚の挿絵は写真通りに模写し、六白（4本の足先、鼻先、尾の先が白い）部分や尻尾の巻き方まで専門家に確認して忠実に描いたという[18]。挿絵だけを見て、龍肚の子どもたちは自分の生活によくみる黒い美濃豚だと思い、そのまま美濃豚として記憶に残ったのではないかと納得した。考えると、まだ日本語も話せない1年生の授業で現場の教員は挿絵となる豚の品種や特徴などを説明することもないのであろう。パッと見て、「豚」という単語を覚えてもらえれば目的達成である。むしろ「美濃豚」というつながりがあったので、教科書の挿絵がしっかりと記憶に残ったのかもしれない。

おわりに

　本稿はこれまで明らかにされていなかった台湾総督府編修課のメンバー構成の一部を解明し、第四期国語読本を事例にその作り手について補足の考察を行った。さらに、第四期国語読本を使用した卒業生から話を聞けたことにより、教科書が残した影響力を少しながらも確認できた。「アジア民衆像」を解明するのに、各地域や科目を含め、全面的に調査を行う必要がある。今後も先行研究の成果を基に調査を進めていきたい。

【註】

1 「公学校用国語読本（第一種）」は一般の台湾人生徒向けの国語教科書である。

2 龍肚国民小学『龍肚人龍肚事』（2020.11）。

3 この表は台湾総督府職員録によってメンバーの氏名を特定し、それぞれが台湾総督府文書や台湾教育会誌などに残された資料を基に筆者が作成したものである。

4 台湾総督府編纂『台湾総督府及所属官署職員録（昭和10年7月1日現在）（1935.9.23）「官制」1-2頁。

5 「森谷一兼任台灣總督府編修官、勤務」（1932.09.01）『台湾総督府文書』国史館台湾文献館所（所蔵番号00010071100）。

6 同上。

7 「公学校地理書挿画版下揮毫ノ件（木村雅之進）」（1920.01.01）『台湾総督府文書』国史館台湾文献館（所蔵番号00006898002）、「国民読本掛図及挿画揮毫嘱託ノ件」（1900.11.01）『台湾総督府文書』国史館台湾文献館（所蔵番号00004624009）、「公学校修身書児童用巻五、六挿画買上ノ件」（1919.01.01）『台湾総督府文書』国史館台湾文献館（所蔵番号00006716017）、「漢文読本挿画版下買上ノ件」（1918.01.01）『台湾総督府文書』国史館台湾文献館（所蔵番号00006551006）。

8 「宮田彌太郎（昇給）」（1931.04.01）『台湾総督府文書』国史館台湾文献館（所蔵番号00010229031）。

9 月30日で計算すると120円である。ちなみに、昭和6年度台北本科男性正教員の中で平均月給が一番高い「甲種・内地人」の平均月給は67.04円である（昭和六年度台湾総督府学事第三十年報（台湾総督府文教局、1933年刊行）237頁。

10 林竹君「唯美的距離—宮田彌太郎凝視下的「華麗島」」『議藝份子』5（2003）1-15頁。

11 西川満「宮田彌太郎　其人　其功績」『華麗島慕情：宮田弥太郎版画集』（西川満編・宮田弥太郎著）人間の星社（1997.6）頁数未表記。
同上9の13-14頁。

12 同上10。

13 「濱田彌兵衛」第四期国語読本巻11第10課、新採用教材、挿絵あり。

14 宮田金彌「亡兄回想」『華麗島慕情：宮田弥太郎版画集』（西川満編・宮田弥太郎著）人間の星社（1997.6）頁数未表記。

15 加藤春城「公学校用国語読本巻一、巻二編纂要旨（中）」『台湾教育』第420号（1937.7.1）39-55頁。

16 加藤春城「公学校用国語読本巻一、巻二編纂要旨（下）」、『台湾教育』第421号（1937.8.1）7頁。

17 曽純純、朱有田「台湾本土黒豬産業在南部六堆地区的伝承與発展」『台湾史研究』20巻4期（2013.12）135-177頁。

18 同上15（50頁）。

日本統治期朝鮮の教科書にみる「民衆像」研究の可能性と課題
——修身書の「学校」に関する描写を事例に——

山下達也 *

はじめに

　本稿は、2022 年 3 月 13 日に行われた日本植民地教育史研究会第 25 回研究大会シンポジウムでの報告をもとに、日本統治期朝鮮の教科書にみる「民衆像」に関する研究の可能性と検討課題について論じるものである。シンポジウム全体で共有された課題を端的に言えば、「日本がいかなる『アジア民衆像』をもって植民地教育を行おうとしていたかを明らかにする」ということである。これを朝鮮という地域にそくして捉え、かつ教科書研究との関わりの中で見出される検討課題はどのようなものであろうか。さしあたり本稿では、筆者自身がこれまでに行ってきた研究[1]で得られた知見を踏まえて次の 3 点を挙げたい。第一に、普通学校教科書に朝鮮社会や民衆についてどのような記述がなされているかを具体的に明らかにし、検討すること。第二に、教育実践における「現地適応主義」について検討すること。第三に、「教師用」の教科書に示される教育的意図について検討すること。また、近年の植民地教科書に関する研究[2]の蓄積により、特定の教科やテーマについての検討が進められているが、そうした研究の成果を、朝鮮社会・民衆の表象に重点を置く今回のシンポジウムの趣旨・目的に沿って整理・再検討することも上記の 3 点に加えて必要となるだろう。本稿では、筆者のこれまでの研究で扱った事例の一部を課題にそくして提示し、上記 3 点についてそれぞれ敷衍したい。

＊明治大学

1. 朝鮮社会・民衆についての記述に関する検討

　教科書の記述そのものに注目し、そこに朝鮮社会・民衆がどのように描かれているかを確認・整理することは、教科書分析を通じた「民衆像」への接近を図るうえでもっとも基礎的かつ重要な作業となるだろう。本書に所収されている佐藤広美氏の論考でも朝鮮で発行された修身書の記述内容の一端が示され、検討されている。本稿でも普通学校の修身書に注目するが、その中でも特に、「学校」に関する記述への着目により、当時の朝鮮社会や民衆へのまなざしに迫る手がかりとしたい。まず注目するのは、「韓国併合」前の 1907 年に発行された学部編纂の『普通学校学徒用修身書巻一』である。本文は漢字とハングル交じりの文字によって記されている。

　この修身書の第一課、すなわち、はじめに学ぶ事項として「学校」が登場する。そこには、服装から朝鮮人児童と判る 2 名の子どもが通学している様子が描かれており、学校は「善い人」になるための場所であると説かれている。また、教員についても、「先生はよいお話をしてくれ、おもしろい遊びを教えてくれる」ことや、学校で「いろいろな子どもたちと一緒に学び、遊ぶことは楽しい」こと、「毎日早く起きて学校に行くことが正しい」こと、「めんどうだと感じ、学校に行かない者は怠け者で将来を望めない者」であるといった説明が確認できる[3]。この修身書が発行されたのは「併合」前であるが、ここでの「学校」に関する説明の内容は、当時、朝鮮半島に存在していた教育機関すべてについてのものではなく、あくまで日本が設立した普通学校についてのものである。

　1913 年の朝鮮総督府編纂『普通学校修身書巻一生徒用』を確認すると、同書の第一課も「学校」となっており、学部編纂のものと共通しているが、それに続く第二課では「先生」、第三課では「キョウシツ」、第四課では「ウンドウバ」という構成となっており、学校そのものについての理解を深める項目が増加している。注目すべきは、それまでのものには存在していた文字による説明がなく、教育内容に関する絵のみが載せられている点である。「学校」の課のページには、礼儀正しく教員におじぎする朝鮮人児童の姿、大人に連れられて通学する朝鮮人児童の姿が描かれている。朝鮮総督府によって教員用に編まれた『普通学校修身書巻一

教師用』（1913 年発行の修身書に対応したもの）でこの課に対応する箇
所を確認すると、「此ノ絵ハ普通学校ノ生徒ガ登校スル所デス。中ニ父ヤ
母ニ伴ワレテ居ルノハ、今日、始メテ入学スルノデス。皆嬉シソウニ勇
ンデ来マス」という説話が見られる。「教科書にみる民衆像」との関わり
という点では、教師の説話に、「オ父サンヤオ母サンハ、何ノ為ニ、皆
サンヲ学校エオ入レニナッタノデショウカ。言ウマデモナク、皆サンヲ
善イ人ニシタイト思ッテ、入レテ下サッタノデス。皆サンハ学校エ入ル
コトガ出来テ、誠ニ仕合デス。世ノ中ニハ、学校エ入ルコトノ出来ナイ、
不仕合ナ人モ少ナクアリマセン」[4] という内容が含まれていることが注
目される。学校に入学することができる子どもは「仕合」（幸せ）であ
り、そうでない子どもは「不仕合」（不幸せ）としている点についていえ
ば、これは単にあらゆる教育機関への就学／未就学について述べている
のではなく、あくまで、普通学校への入学を「仕合」、そうでないもの
を「不仕合」という含みを持っている。当時、朝鮮の伝統的教育機関と
して存在していた書堂や普通学校以外の私立の教育機関との関係の中で、
普通学校への入学が優位に位置づけられていたことを窺わせる説明であ
り、こうした教師の説話にも朝鮮社会へのまなざしというものを問うこ
とができるのではないだろうか。

　また、教科書の絵についていえば、「此ノ絵ハ普通学校ノ生徒ガ登校ス
ル所デス。中ニ父ヤ母ニ伴ワレテ居ルノハ、今日、始メテ入学スルノデス。
皆嬉シソウニ勇ンデ来マス」[5] という教師からの説明を含め、ありのまま
の朝鮮社会・民衆を描いたものというよりも日本が設立した「近代学校」
に通う「新しい民衆像」の描写という性格をもっていた、あるいはあるべ
き、望ましい朝鮮人児童・社会の像を描いたものと見ることもできよう。

　このように、例えば学校関連の事項を扱った課において日本が設置し
た学校やそこに通う児童の姿が「優位に」あるいは「前向きに」描かれ
ることにより、逆説的にではあるが、そうではない学校や子どもへの見
方が浮き彫りとなっている。「何をどう描いたか」ということは、同時に
「何をどう描いていないか」ということを暗示しているため、教科書の
記述にあらわれる朝鮮社会・民衆の像について検討するうえではこうし
た見方も必要となるだろう。

2. 教育実践における「現地適応主義」に関する検討

　冒頭で述べた「日本がいかなる『アジア民衆像』をもって植民地教育を行おうとしていたかを明らかにする」という課題に取り組むにあったっては、教科書の記述そのものに目を向けるだけでなく、それを利用した教育の実践活動についての検討も不可欠となる。史料の制限もあり、学校で行われた実際の授業についてその詳細を知ることは容易でないが、朝鮮総督府によって編纂された教師用の指導書や教科書編纂に携わった人物が記したもの、教員らによる実践研究などからは、実践の場面で「現地適応主義」の重要性が強調されていたことを窺うことができる。例えば、1923年の朝鮮総督府編纂『普通学校修身書巻一教師用』には、「各課ヲ教授スル際、土地ノ情況及ビ生活ノ情態ニ応ジ、児童ノ日常経験セル事実ヲ引用シテ理解ヲ容易ナラシメ、且児童ノ日常生活ニ適切ナラシムベシ」[6]といった指導上の留意事項が見られる。学校や教師が捉える「土地ノ情況及ビ生活ノ情態」を踏まえ、朝鮮での教育活動が現地に適応したものとなるよう求めたのである。また、現地（朝鮮）での教育実践であることに重点を置くことに関しては、教科書の課の編成や構成においても意識されていた。例えば、植民地期初期の修身教科書の編纂にたずさわった長根禅提は、編集にあたり、朝鮮社会の一般的な祖父母との同居状況が「内地」とは異なることに注目して独自の内容を入れたことや、朝鮮での実践であることを意識して、「内鮮融和」の意を寓した内容としたことが本人の記録として残っている[7]。さらに、教育の実践者（おもに普通学校教員）らによる教育実践研究の中にみられる主張にも「現地適応主義」が窺える。筆者の研究で扱った例を挙げれば、修身教材の「郷土化」と「内地風習慣」の強要への警戒がある。例えば、普通学校の朝鮮人教員である洪範植が、「出来得る限り材料を半島内から多く採る方がよからうと思ひます。それでなければ朝鮮の民の生活に即しないのであります。要するに日本帝国の大幕の下に朝鮮は特殊化し分化せねばならぬものと存じます」[8]と説いている。

　また、京城師範学校の田中彌市は、「修身科の郷土化」と題した論考で、「我が京城に於ては特に次の事項に就て此郷土なる京城にある事物事象に則して教科書の徳目と連絡しつゝ十分に注意し徹底を期すべきであ

る」と述べ、そこでは「特に徹底すべき事項」として、「1. 内鮮人の融和を計ること」、「2. 公共物を大切にすること」、「3. 交通機関を妨げぬこと」、「4. 集会場にて不作法をせぬこと」、「5. 野卑な言語風俗を避けること」、「6. 外国人に不作法をなさぬこと」、「7. 田舎者を軽蔑せぬこと」、「8. 貧民を賤しめぬこと」、「9. 公衆衛生に気をつけること」、「10. 農村を理解すること」、「11. 動植物を虐待せぬこと」、「12. 老幼不具病者をいたはること」、「13. 落着ある人たること」、「14. 経済的思想を有すること」を挙げている[9]。田中は他の論考においても一貫して朝鮮修身教科書の「特異相」や独自性というものを強く意識した実践の必要性を説いている。

　このほかにも、平安北道義州公立普通学校訓導の前田二郎が、「普通学校修身書巻三にある本居宣長の『せいとん』貝原益軒の『かんだい』等の如き、少なくとも普通学校の児童を導く教材としては適切なものとは言ひ得ないだろう」と教材の適切性に課題があることを指摘し、「児童生活乃至現前の社会から適切ナル材料」を精選する必要性を主張しているほか[10]、京城師範学校訓導の岩島一二三が、普通学校の初学年における修身教育の際には、「内地人教師が鮮人児童を教育するには更に深刻にこの児童の本性を凝視し把握することが大切である」と朝鮮の学校における児童観の重要性について述べるとともに、「指導上の注意」として、「朝鮮の良風美俗は尊重し悪風は改善せしめねばならぬ。この際内地風の習慣を強要することは注意を要する」と説いている点が注目される[11]。

　ここでは具体例を断片的に提示したに過ぎないが、こうした現地に適応した教材や実践の必要性を説く言説は、他の科目における実践に関わっても存在していたと考えられる。そうしたものを具体的に明らかにし、整理することを通じて当時の「民衆像」に迫っていくことも課題となるだろう。

3.「教師用」の教科書に示される教育的意図に関する検討

　本稿ですでにいくつかの例を挙げているが、児童らが使用する教科書そのものではなく、「教師用」として編まれた教科書には、児童用教科書の記述以上に、その内容に関する教育的な意図・ねらいがあらわれたと

　考えられ、そうしたものへの着目によって朝鮮社会・民衆へのまなざしというものが浮き彫りとなることもあるだろう。前掲の「皆サンハ学校エ入ルコトガ出来テ、誠ニ仕合デス。世ノ中ニハ、学校エ入ルコトノ出来ナイ、不仕合ナ人モ少ナクアリマセン」といった記述は、当時の朝鮮社会、特に近代化・近代性をめぐる「先進―後進」、「発展―未開」という見方による朝鮮社会へのまなざしを明らかにしていくうえで注目すべきものであるが、筆者によるこれまでの研究でもこれに関連するものが、簡易学校の教師用修身書の記述に確認できる。

　簡易学校は農業教育の比率が高い 2 年制の初等教育機関で、当初、制度的には普通学校に接続しない「完成教育機関」であった。制度が導入された 1934 年には 384 校であったが、その後の初等教育普及政策との関連の中で 1942 年には 1,680 校にまで増加している。簡易学校の教師用修身書（1935 年）を見てみると、「磨かれざる玉の如く、自然に放任」されていた朝鮮の子どもたちが、日本による学校の設置により、また、それが「僻陬地」にまで及んだことにより、就学可能となった「幸福」に感謝するよう説く内容が確認できる [12]。

　さらに注目されるのは、「従来も心ある私人の手で書堂その他の教育機関が経営され、今尚経営されつゝあるが、その内容を見るに、古い書物にのみ拘泥して概ね言語・文字の末に走り、今の世に処する人間を養成するには甚だ不足を感ずる点が多い」 [13] という記述である。内容は、朝鮮における伝統的教育機関である書堂における教育の「不十分さ」を指摘するものとなっている。その一方で、「一般に簡易学校に配置される教師は新時代の教育を受けたものであり、忠良な国民としてはつきりした意識と信念を持つた者であり、且現代内外の情勢にも一通り通じ、小にしては農業上の技術及び部落改善に関しても一通りの見識と抱負を持つてゐる筈であるから、簡易学校に学ぶ者にとつてはこの上ない仕合はせである。一般に簡易学校に限らず、新教育を受ける人々にはその幸福がある」 [14] という説明があり、旧来の伝統的教育の否定と日本による「近代的」教育普及の「恩恵」強調というコントラストによって説話が構成されていることがわかる。こうした教師用に編纂されたものに見られる説話にも、当時の朝鮮社会・民衆像というものが窺えるため、丁寧な検討が求められよう。

まとめにかえて

　冒頭で述べたとおり、本稿は、日本植民地教育史研究会第 25 回研究大会シンポジウムでの報告をもとに、日本統治期朝鮮の教科書にみる「民衆像」に関する研究の出発点として、その検討課題について述べたものである。本格的な検討はこれからという段階での覚え書きでもあるため、既存の研究によるものを断片的に取り上げるような内容であったが、本論では民衆像を問うことに関連する 3 つの検討課題を示した。また、本論では言及していないが、そもそも「民衆像」というものについての吟味も別途必要となるだろう。「像」であるからには、それがどのような条件や目的でどこにあらわれたもの（描かれたもの）であるのかということを意識しながら捉えることも重要である。「朝鮮社会や民衆の像」といっても、それはさまざまなところにさまざまなかたちで投影されるものであり、いうまでもなく、教科書にだけあらわれるものではない。日本「内地」で発行された雑誌や映画にはより通俗的な朝鮮に関する「像」が描かれたであろうし、絵葉書のモチーフも民衆像ということでいえば一定の影響があったと考えることができる。

　そうした学校や教科書とは異なる場所、媒体にみられる朝鮮社会・民衆像というものを踏まえながらも、なぜ学校や教科書なのかということについて説明することも求められよう。教科書から窺うことができる「民衆像」をどのように定義づけたうえで検討していくのか、そうした問いにも応えていく必要がある。

【註】
1　山下達也「日本統治期朝鮮における学校観形成の一側面—普通学校修身書にみる学校の描写と指導の変遷—」（『韓国文化研究』11、2021 年、27-56 頁）。同「植民地朝鮮における修身教育の実践—研究活動および教材解説の分析を中心に—」（『韓国文化研究』9、2019 年、39-64 頁）。
2　2020 年には、日本植民地教育史研究会による教科書研究の成果をまとめた佐藤広美・岡部芳広編『日本の植民地教育を問う 植民地教科書には何が描かれていたのか』（皓星社）が出版されている。
3　学部『普通学校学徒用修身書巻一』1907 年、1-3 頁。
4　朝鮮総督府『普通学校修身書　巻一　教師用』1913 年、2-3 頁。
5　同上、1 頁。
6　朝鮮総督府『普通学校修身書巻一　教師用』1923 年。

7　長根禅提「普通学校修身書下学年の教材について」、『文教の朝鮮』、1925 年
　　10 月号、朝鮮教育会、62 頁。

8　洪範植「普通学校に於ける道徳教育の改善を叫ぶ」、『修身訓練の諸問題と
　　其の実際』、1929 年、113 頁。

9　田中彌市「修身科の郷土化」『朝鮮の教育研究』、1929 年 4 月。

10　前田二郎「等閑に附せられてゐる修身科の任務」、『修身訓練の諸問題と其
　　の実際』、1929 年、181 頁。

11　岩島一二三「普通学校初学年の修身教育」、『修身訓練の諸問題と其の実際』、
　　1929 年、183 頁。

12　朝鮮総督府『簡易学校修身書巻一教師用』1935 年、2-3 頁。

13　同上、3 頁。

14　同上、3-5 頁。

産業の近代化のなかで問題とされた
「満州国人」の能力

丸山剛史 *

〔1〕

　「日本植民地教科書にみる『アジア民衆像』」共同研究組織化の試みに
際し、筆者の場合は、満洲・「満洲国」が担当地域であり、特に実業教
育、実業教育の中でも工業教育・技術教育について一定の役割を果たす
ことが求められている。工業教育・技術教育以外では、ホール・アンド
リューが「満洲国」教育官僚とその思想を検討しており、教科書編纂に従
事していた寺田喜治郎による「建国精神がぐらつくのが頭痛の種であっ
た。初め王道楽土といっていたのがわたしが職についた頃は一徳一心と
なっており、大戦の始まる頃には惟神道という変なことになった。教科
書は大体それに調子を合わせるのだから……」という証言を紹介し、思
想的背景の脆弱さを明らかにしていた[1]。王雯雯は『修身』、『国民道徳』
の教科書を分析し、植民地支配者が求めた「女性像」及び「国民像」を
解明しようとした[2]。
　実業教育、特に工業教育・技術教育に関しては、内地においても教科
書自体があまり作られていない[3]。広く国内外に資料を求めた、佐藤秀夫
（編集責任）『第二次大戦前・戦時期の日本語教育関係文献目録』（1993
年）収録の教科書目録には工業教育・技術教育関係の教科書は掲載され
ていなかった。玉川大学教育博物館編集『玉川大学教育博物館所蔵外地
教科書目録』（2007年）により、わずかに国民高等学校工業教科書の存
在が確認できる。
　また、教科書史研究者・中村紀久二氏（故人）から教科書分析に際し
ては、教師用教科書あるいは編纂趣意書を蒐集し、検討するように助言

＊宇都宮大学

をいただいたことがあるが、実業教育関係は教師用書や編纂趣意書がほとんど見当たらない。後述のように、わずかに筆者の手もとに「教授要旨説明」があるだけである。植民地教科書から「アジア民衆像」を探る取組みは、取り組みやすい教科と取り組みにくい教科があるのではないか。まず一言しておきたい。

〔2〕

まったくの偶然であるが、本研究会に参加するようになり、満洲・「満洲国」教育関係資料を求めるなかで、永友繁雄（奉天農業大学教授）著『国民高等学校（満語）農業汎論』（満洲図書株式会社、康徳5年）を古書で入手した（現在は宇都宮大学附属図書館所蔵）。同書は、「著者」永友が「小出先生」（小出満二と思われる）に「謹呈」したものであった（図1）。同書には、著者による「『農業汎論』教授要旨説明」なる文書が挟まれており（図2）、教科書編纂の趣旨が記されている。

　工業教育・技術教育に関しては、原正敏が明らかにしたように、「満洲国」では必要な技術員・技術工は日本から送出することが計画され、そのための養成施設も設けられ、計画が実行に移されていた[4]。そこには一定の人間像が想定されていた。筆者は以前に、こうした施策の思想的背景を探るべく、関口八重吉の思想を検討した。関口は、経済上、軍事上の目的から日満一体論を説き、技術要員、特に指導的役割を果たす技術者には日本人を充て、技術要員として満洲人を用いる場合も単能工として用い、適合的な生産方式を採用すべきであることを主張していた[5]。しかし、このときは、こうした日本人優位の人間像がいかに形成されたかについては検討できていなかった。その後、人物の繋がりに留意し、検討を続けてきた（いる）。本稿では思想の源泉をさらに辿った結果を、覚書的に記しておきたい。

図 1 『農業汎論』表紙　　　　　図 2 教授要旨説明

〔3〕

　原らの研究により、「日満技術工養成所設立案」は関口八重吉、隈部一雄、山口貫一、松尾鶴松らにより 1937 年 10 月 19 日付で作成されていたことが明らかにされた。同案作成に関与していた隈部は、自身の著書において、わずかではあるが経緯を書き留めている[6]。

　「・・・以上るゝ述べた様な見地から昨年夏頃から技術関係の同志数名が集まって日満技術協会を設立し、四ヶ国の資源の調査、工業分野の研究、相互工業の協力、技術の連絡等を主目的とし、我々の能力を以って、時局に対して能ふ限りの協力を致すこととした。最近発表した、秋田に設立さるべき日満技術工養成所の事業は、この協会が母体となって行ふ事業の一である。」

　同書発行は、1938年であるため、「昨年夏頃」とは1937年をさすもの
と思われる。片倉衷によれば、1933年3月には満洲において「満洲経済
建設要綱」が策定され、日本でも「日満経済統制方策」が閣議決定され
ていた[7]。1934年秋には、土方成美（東京帝国大学）が岡野鑑記（のち
の建国大学教授）に宛てて書状を送り、「日満財政経済研究会」への参加
を求めていた。岡野は、次のように回想している[8]。ここでは宮崎正義
が参画する調査研究機関が設立されていたことが着目される[9]。

　「東大教授の土方成美博士から一通の親展書が届いた。……翌日麹町の
博士の自宅を訪ねてみると、近く「日満財政経済研究会」という調査研究
機関を創立することになったので、その最高委員の一人として参加して
欲しいというのであった。土方博士を委員長として、委員の顔触れとそ
の主たる担当部門は、財政（岡野鑑記）、統計（猪間驥一）、金融（野崎
龍七）、農業（東畑精一）、産業（高橋亀吉）の五人であって、事務局主
事として、満鉄調査部から宮崎正義氏が参加するとのことであった。…
仕事は、満洲国と日本とを打って一丸とする総合的計画経済を立案する
ことであった。」

　1936年夏には、石原莞爾、宮崎正義らが日満経済研究所を設け、「日
本における五ヶ年産業計画案」を作成していたという。同年8月には陸
軍省が「満洲開発方策要綱案」を策定したとされる[10]。1937年には日本
政府が「日満経済建設五ヶ年計画」を策定していた[11]。

　このように、1930年代は日満の経済計画、産業計画が急速に立案され
ていた。この1930年代半ばの、1935年に久次米三夫（北海道帝国大学
教授）が『日満技工の技能比較と満洲国機械工業私見』なる資料をまと
めている[12]。

　久次によれば「満洲国及中華民国に於きましては一般労働者の工賃は
驚くべき低廉でありまして、仕事に依っては其能率も決して劣らず、日
本人労働者を使用するよりも遥に有利にして、満洲国に於ける企業家の
特に恵まれたる点として内地企業家の羨望する處でありますが、該地に
於ける実際上の成績から之と全く反対の結論を導いてゐる工場もある」
ため、「日満技工」の「適性検査を基礎とし、近代の機械製作法を顧み」

たいとし、体力、技能比較を行ったという[13]。比較に際しては、満鉄（南満州鉄道株式会社）沙河口工場に出向き、同工場での調査を行っていた。調査方法の詳細は必ずしも明らかにされていないが、資料には「旋盤工能力比較表」などの各種データが収録され、「日本人」、「満洲人」の能力測定結果が数値と図表で示されている。

「体格比較」では、22、23 歳以降では「満洲国人が体力優秀」であり、鍛造、製罐、運搬などには「多くの満人が使用」されているとされる。「知能比較」では、「満人徒弟が劣って」おり、「熟練工になりますと、其差は更に甚だしく」なるという[14]。「実務成績比較」では「彼我両国人の実務成績は、其仕事に依り大差あるのでありまして、複雑なる仕事ならば、両者の差は、甚大なるものがあ」ると記されていた[15]。

こうして、工業の「近代」化、「能率化」が重視されるなかで、「日本人」よりも劣る「満洲国人」という人間像が形成されていた。

なお、産業「能率」に関しては、満洲能率協会（1939 年発足）が内地の日本能率協会（1942 年発足）に先駆け創設されていたこと、同協会は「戦時体制のさなか戦争推進用の経済団体として、時代が必然的に設置させた機関」であったことが指摘されている[16]。「能率化」を求める思想にも留意しながら、調査を深めていきたい。

付記：本稿は年報掲載のために、シンポジウムの討議をふまえつつ、抜本的に書き改めたものである。ご了承願いたい。

【註】

1　Andrew Hall「満洲帝国教育会編『建国教育（日文）』誌：解説と目次集（2）」『植民地教育史研究年報　24　植民地と国語教育』皓星社、2022 年、241 頁

2　王雯雯「「満洲国」道徳教科書に見られる国民像と女性像　—『修身』と『国民道徳』を中心に—」『植民地教育史研究年報　21　日中戦争と植民地教育の展開』皓星社、2020 年、82-104 頁。

3　坂口謙一「戦前わが国諸学校における「実業教科」の検定教科書一覧：1940 年代初頭までの手工科、工業科、商業科系、実業科 (商業) 教科書」『技術教育学研究』第 8 号、1993 年、149-182 頁。手工・工作に関する教科書は代表例の一つと思われる。手工・工作教科書は明治以降児童用教科書は作成されたことはなく、国民学校期に入り、ようやく『初等科工作』等が発行されるに至った。

4　隈部智雄・原正敏「戦時下、技術員・技能者養成の諸側面（Ⅱ）」『千葉大学教育学部研究紀要　第 2 部』第 38 巻、1990 年、79-121 頁。

5　佐藤広美・岡部芳広編『日本の植民地教育を問う　―植民地教科書には何が描かれていたのか―』皓星社、2020 年、294-313 頁。

6　隈部一雄『大陸と科学』河出書房、1938 年、79 頁。

7　片倉衷『片倉衷　回想の満洲国』、1978 年、219 頁。

8　岡野鑑記『ある経済学者の一生』白桃書房、1977 年、96-97 頁。

9　宮崎正義に関しては小林英夫『「日本株式会社」を創った男　―宮崎正義の生涯―』（小学館、1995 年）を参照されたい。

10　片倉、前掲書、221-222 頁。

11　岡野、前掲書、101 頁。

12　久次米三夫『満蒙研究資料　第 17 号　日満技工の技能比較と満洲国機械工業私見』北海道帝国大学満蒙研究会、1935 年。

13　久次、前掲書、1 頁。

14　同上、2 頁。

15　同上、3 頁。

16　裴富吉『満洲国と経営学』日本図書センター、2002 年、35 頁。

「東南アジア民衆像」の論点
——アジア主義と劣等感のあいだ——

松岡昌和 *

1. はじめに

　近現代の日本人は東南アジアの民衆について、どのようなイメージを作り出してきたのだろうか。本稿では、日本植民地教育史の観点から、どのような論点でこの課題について考えていくことができるかについて、論点を開示していきたい。

　日本植民地教育史という点でこの問題をとらえたとき、東南アジアの民衆像に関する研究は、他の地域に関する研究と比較して極めて少ない。これについては、大きく二つの要因が指摘できる。一つは、日本の東南アジア占領・南方軍政そのものにかかわる要因である。日本が実際に統治した時期は、1940 年に陸軍が進駐したフランス領インドシナを除いて第二次世界大戦中に限られ、各地の軍政による文教政策には大きな差異があった。またこれらの理由によって学校教育はしばしば機能不全に陥っており、学校教材も少なかった。第二に、日本の南方軍政研究の新しさがある。東南アジア研究の側から前川佳遠理がこれについて研究史を整理しているが、日本において層の厚い実証研究が展開されるようになるのは、1980 年代半ば以降である（前川：2009）。南方軍政における教育に関する研究動向とその背景については、筆者を含めたグループがすでにまとめているが（小林ほか：2021）、日本において南方軍政研究が遅れた背景としては、史料の問題のほか、戦争への罪悪感、「日本と東南アジア諸国間に国際的当惑を引起す潜在性」（明石 1974：8）、研究者の「心理的わだかまり」が指摘されている（倉沢 1997：8）。「東南アジア民衆像」を含め、南方軍政の文化・教育についての研究は、今後さらに

＊大月短期大学

深めるべき領域であると言える。

　そのようななかで、「東南アジア民衆像」に関連した研究が、近年地域研究や歴史学、教育学、日本語教育学はもとより、日本文学、芸術学、メディア研究、政治学などで行われてきている。近年の研究動向として、史料の復刻と徴用文化人研究について触れておきたい。日本では1980年代以降防衛庁（当時）防衛研究所による史料公開が進み、1990年代以降、これらが『南方軍政関係史料』シリーズ（龍渓書舎）として復刻されてきている。そのなかには、日本語教材や文教政策関係文書のほか、南方軍政に携わった文学者の著作をまとめた南方徴用作家叢書（『南方軍政関係史料25』）も含まれる。こうした史料の復刻と並行して、主に日本文学研究において徴用文化人、特に徴用作家に関する研究が進んだ。日中戦争が激化していくなかでプロパガンダを強化すべく大陸に作家たちが送られるようになったのをきっかけとして、その後南方にも少なからぬ文学関係者たちが動員された。近年では、五味渕典嗣や松本和也らが、日本軍の宣伝活動と文学者の戦争・占領地への向き合い方、さらには文化工作にかかわる言説について、日本文学の側から研究を深めている（五味渕：2018；2021；松本：2021；2022）。南方占領を経験した文学者による現地社会への眼差しについては、歴史学の側から河西晃祐が整理しており（河西：2012；2018）、同様に中野聡も文化人の占領地体験について、その意味を考察している（中野：2012）。文化人たちの東南アジア占領体験についての研究は、史料の復刻が進み、学際的な研究が展開していくなかで、かれらが現地社会にどのような眼差しを向け、自己のアイデンティティをどのように捉えていたのかといった関心へと深まっていった。「東南アジア民衆像」を考察していく上で参照すべき論点を多く提供している。

　以下、本稿では、先行研究などで提示されている論点について整理し、徴用文化人がシンガポールにおける教育で見せた現地の民衆像を紹介した上で、今後の研究の展望を示したい。日本は占領した東南アジアに対して、アジア主義的な立場を取り大衆オリエンタリズムの視線を向けていたが、現地社会と向き合う際に自己の「文明化の度合い」について疑念を抱かれることに強い恐怖心を持っていた。

2.「東南アジア民衆像」の論点

　日本植民地教育史における「東南アジア民衆像」について検討してい
くに当たり、まず戦時期（東南アジアにおける日本占領期）を挟んだ時
期の日本における、東南アジアイメージについて見ておきたい。戦時期
を含む1920年代から60年代までは、日本史研究者アンドリュー・ゴー
ドンが言うところの「貫戦史」（‘transwar’ history）あるいは「貫戦期」
という枠組みによって一つの連続した制度的・社会的特徴をもつものと
して捉えられている（ゴードン：2013）。日本近現代史研究者の辛島理人
は、この概念をさらに日本の東南アジア関与に応用し、日本のアジアに
関する知の歴史の連続性をこの時期に見出している（辛島：2015）。この
時代の日本の東南アジア認識に関して、欠くことができない分析概念が
アジア主義ないし汎アジア主義と呼ばれるイデオロギーであろう。竹内
好が「日本の近代史を貫いて随所に露出している」思想と評した日本の
アジア主義は（竹内 1993：293）、西洋帝国主義の排除、中国・朝鮮との
連携をアジア結集の中心とすること、アジア諸国の平等の建前と実質的
な皇国中心主義を特徴とする（松浦：2010）。東南アジア研究者の中野聡
は、そこに現地の声が全く顧みられていない点を指摘する（中野：2018）。
アジア諸国の平等の建前の裏の皇国中心主義に基づく東南アジア認識は、
少年雑誌のような大衆的・教育的メディアにもたびたび登場し、それは
戦後1960年前後のテレビドラマからもうかがうことができる（Ching:
2011; Nakano: 2014）。そうした東南アジア認識が変化してくるのは、日
本の東南アジア関与のあり方が転換し（宮城：2013; 2017）、戦争の語り
が変化する1960年代半ば以降である（Matsuoka: forthcoming）。アジア
主義的な認識枠組みのもとで、東南アジアに関するポピュラーな言説が
展開されていた。

　その一つと言えるのが、「文明」と「野蛮」を対置し、自らを前者の側
に置き、東南アジアを後者として「土人」として表象する大衆オリエン
タリズムの言説である（川村：1993）。日本史研究者カール・イアン・
ウィ・チェンチュアは、そうした大衆的なイメージを、1930年代以降人
気を誇った少年雑誌『少年倶楽部』における表象に見出している。チェ
ンチュアによれば、「土人」として描き出される南洋の人々のイメージ

は、アメリカにおける黒人表象、つまりサンボ・イメージに基づいている（Cheng Chua: 2010）。「南洋」として描き出される地域の多くは南洋諸島であったが、なかには東南アジア地域も含まれる。こうして「土人」として描き出された現地住民は、日本人にとって「文明化の使命」の対象であるとともに、ユートピア的言説で語られる存在でもあった。筆者はかつて南方占領地に対する音楽工作についての議論を調査したが、そのなかで見えてくるのは、「歌って踊って」ばかりいる「土人」という「東南アジア民衆」のイメージであった（松岡：2012）。1930 年代から 40 年代にかけての日本における少年向けのメディアやポピュラーな言説において、日本は「文明」の側に置かれ、東南アジアは「野蛮」な「土人」の地域として描き出されており、この言説は日本の南方軍政についての議論のなかでもしばしば繰り返されていたのである。

　日本の東南アジア認識にかかわるもう一つのポピュラーな言説として、「桃太郎パラダイム」について取り上げたい。「桃太郎パラダイム」とは、日本史研究者ジョン・ダワーが『容赦なき戦争』（*War without Mercy*）で提唱した概念であり、戦時期日本の自己と敵対する国についての認識枠組みであるが（ダワー：2001；加原：2010）、ここで問題となるのは、「アジア民衆」がどの役割を担うかという点である。この認識枠組みでは、桃太郎＝日本、鬼＝米英となり、「正義」の日本が「邪悪」な米英を打ち負かすという物語となる。よく知られているのが、アニメーションの『桃太郎の海鷲』（1943）と『海の神兵』（1945）である[1]。「桃太郎」の物語が 20 世紀前半における日本の南進と深く結びついていたことは、これまで指摘されてきたことであるが（ティアニー：2015；Antoni: 1991）、「アジア民衆」の役割は一定していない。桃太郎の活躍の舞台は、日本の対外関係の変化のなかで中国大陸から南洋諸島、真珠湾へと変化してきており（秦：2016）、そして『海の神兵』では東南アジアとなった。「アジア民衆」は、時として「鬼」の被害者、桃太郎のお供、あるいは不在であるなど、その時々に都合の良い形で利用されるキャラクターでしかなかった[2]。ポピュラーなレベルで戦争を物語として語る際、アジア主義的な大義はご都合主義的に利用されるか、往々にして後景に退いてしまっている。

3. 日本語普及に見られる「アジア民衆像」についての言説

　実際の南方占領地における教育政策のなかで、「東南アジア民衆」はどのように語られたのであろうか。この点について、シンガポールにおける日本語教育でどのような学習者イメージが期待されていたのかについて示したい。日本占領下シンガポールで日本語教育に携わった主要人物として、日本語学校昭南日本学園校長を務め、子供向け新聞『サクラ』の編集を行っていた日本浪曼派詩人の神保光太郎がいる。神保は陸軍によって徴用され、軍政初期より半年以上にわたりシンガポールで任に当たった人物である。神保のシンガポールでの経験については、内地帰還後に自身が著した『昭南日本学園』(1943)『風土と愛情』(1943)に記されている。神保は、これら著作において、現地学習者に何を期待し、どのような日本語を伝えようとしたのか示している。

　現地住民に対する日本語教育にあたって、神保は現地学習者に対して西洋的な価値観を排して「純粋」であることを求めた (Matsuoka: 2017)。それは 1942 年 8 月に行われた昭南日本学園第 1 回修了式でのあいさつに端的に表れている。神保は「私はこの機會に（中略）ほんたうに純粋な氣持で日本語を愛しなさいと言ひたいのです。日本語を愛するといふことは、日本を愛することに他なりません」と述べている（神保 1943: 304）。日本語は、単に学習すべきものではなく、「愛す」べき対象であり、実用的日本語学習を批判した。そして、日本精神を体得することを学習者に求め、日本語教育による現地学習者の錬成を行おうとしたのである。現地住民を「日本化」することを日本語教育の理念と捉え、表音式仮名遣いについても反対し、日本式の規律を求めた。神保は、現地学習者に「純粋」であることを要求したのだが、そうした精神性が西洋的な功利主義的価値によって「汚されて」いるとも考えていた。西洋的価値観という「穢れ」をすすぎ、日本的道徳を注入すべきという主張は、当時のシンガポールにおける軍政の方針とも合致する（明石：2001）。

　これはシンガポールというごく限られた占領地での事例に限られ、各地の当地集団の政策によって、教育の方針は異なっていた。それゆえ、一般化することはできないが、少なくともシンガポールのケースについて見る限り、日本側が一方的に理想化された民衆像を描き出し、現地のニー

ズを無視した形で教育方針が打ち立てられていたことがうかがえる。ここでのケースで見られた「東南アジア民衆像」は、日本人統治者にとっての都合の良い理念形でしかなかったと言える。

4.「東南アジア民衆像」の展望

　日本は、占領した東南アジアに対して、アジア主義的な認識を向け、そこでの盟主としての日本という自意識は、現地の住民を「野蛮」な「土人」とみなす通俗的な大衆オリエンタリズムや、かれらを「英雄」としての日本を引き立てる都合の良いキャラクターとして利用する「桃太郎パラダイム」へと接続した。そこでは、一見して「文明」たる日本という自意識や「野蛮」としての東南アジアというステレオタイプは揺らがないようにみえる。本稿の終わりにあたって、実際の東南アジアに接することでそうした自他認識にゆらぎが生じた事例を示し、今後の「東南アジア民衆像」研究の展望としたい。

　東南アジアを占領することになった日本人は、西洋諸国の植民地として開発された現地の近代的な文明に対してしばしば驚きの念を示しつつ、自らの「後進性」を指摘されることに対して、しばしば強い恐怖心を示した。神保光太郎が編集を担当した子供向け新聞『サクラ』では、高層ビルや土木技術などたびたび日本の「先進性」を示す記事が掲載され、日本が「文明国」であることを強く訴えようとしている様子がうかがえる。また、南方占領地での映画上映についての議論では、日本が「後進的」な国であるとの誤解を防ぐため、時代劇の上映を禁止すべきとの意見もあった（松岡：2015）。中野聡が指摘するように、日本が東南アジアの占領を正当化する際に、西洋近代文明を基準とした「民度」という尺度では限界があり、それに代えて「精神」という尺度を持ち出している（中野：2012）。「東南アジア民衆」に対する眼差しは、単に自らを「文明」としてかれらを「野蛮」として対置させるというだけではなく、逆に「野蛮」と捉えていたかれらから軽蔑の視線を向けられるのではないかという強い警戒心も伴っていた。

　日本植民地教育史における「東南アジア民衆像」は、その対象地域に

よっても、時期によっても、見る側の立場によっても一様ではなかった。
そのような多様な眼差し、そして南方占領を経験して変化する、あるい
は変化しない日本人の「東南アジア民衆像」のあり方を詳細に検討して
いくことが求められると言えよう。

【付記】

本稿は日本学術振興会科学研究費 19K13316、20H01222、22K00668 の
助成による成果である。

【註】

1　これらの映画については、佐野明子・堀ひかりらによる詳細な研究がある（佐
　野・堀編：2022；Hori: 2017）。
2　日本占領下シンガポールでは、「桃太郎」のストーリーが学校向けの副教材
　や少女歌劇などで取り上げられていたが、そこでは現地住民が英米の被害
　者という役割を割り当てられていた（松岡：2022）。

【参考文献】

Antoni, Klaus（1991）'Momotarō（The Peach Boy）and the Spirit of Japan:
　Concerning the Function of a Fairy Tale in Japanese Nationalism of the
　Early Shōwa Age,' *Asian Folklore Studies*, 50

Cheng Chua, Karl Ian Uy.（2010）'Gaijin: Cultural Representation through
　Manga, 1930's-1950's.' Ph.D. dissertation, Hitotsubashi University

Ching, Leo（2011）, 'Empire's Afterlife: The 'South' of Japan and 'Asian'
　Heroes in Popular Culture', *The Global South*, 5: 1（Spring 2011）, pp.
　85-100.

Hori, Hikari（2017）*Promiscuous Media: Film and Visual Culture in Imperi-
　al Japan, 1926-1945*, Ithaca: Cornell University Press

Matsuoka, Masakazu（2017）'Media and cultural policy and Japanese
　language education in Japanese-occupied Singapore, 1942-1945', Kayoko
　Hashimoto ed. *Japanese language and soft power in Asia*, Singapore:
　Palgrave Macmillan, pp. 83-102

Matsuoka, Masakazu（forthcoming）'Japan's Memory of War and
　Imperialism in Kayō Eiga: Shochiku's *Under the Stars of Singapore* and
　Asianism', *East Asian Journal of Popular Culture*, 9:1.

Nakano, Ryoko（2014）, 'Nostalgic Asianism in Postwar Japan: The TV
　Drama Kaiketsu Harimau', *Electronic Journal of Contemporary Japanese
　Studies*, 14: 1, https://www.japanesestudies.org.uk/ejcjs/vol14/iss1/
　nakano.html Accessed 31 December 2022

明石陽至（1974）「米国に於ける日本の東南アジア占領・軍政史の研究展望」『東
　南アジア史学会会報』21、pp. 4-8

明石陽至（2001）「渡邊軍政──その哲理と展開（一九四一年一二月〜四三年三月）」明石陽至編『日本占領下の英領マラヤ・シンガポール』東京：岩波書店

加原奈穂子（2010）「昔話の主人公から国家の象徴へ：『桃太郎パラダイム』の形成」『東京藝術大学音楽学部紀要』36、pp. 51-72

辛島理人（2015）『帝国日本のアジア研究：総力戦体制・経済リアリズム・民主社会主義』東京：明石書店

河西晃祐（2012）『帝国日本の拡張と崩壊─「大東亜共栄圏」への歴史的展開─』東京：法政大学出版局

河西晃祐（2018）『大東亜共栄圏：帝国日本の南方体験』東京：講談社

川村湊（1993）「大衆オリエンタリズムとアジア認識」『岩波講座　近代日本と植民地7 文化のなかの植民地』東京：岩波書店

倉沢愛子（1997）『東南アジア史のなかの日本占領』東京：早稲田大学出版部

ゴードン，アンドルー（2013）森谷文昭訳『日本の200年［新版］──徳川時代から現代まで』東京：みすず書房

小林茂子・清水知子・宮脇弘幸・松岡昌和（2021）「南洋群島・南方占領地の教育研究動向とその背景」『植民地教育史研究年報』23、pp. 14-34

五味渕典嗣（2018）『プロパガンダの文学：日中戦争下の表現者たち』東京：共和国

五味渕典嗣（2021）「戦場の高見順：日本近代文学館蔵「陸軍宣伝班資料ノート」「ビルマ雑記帖」から」『日本近代文学館年誌：資料探索』16、pp. 17-28

佐野明子・堀ひかり（編）（2022）『戦争と日本アニメ──『桃太郎 海の神兵』とは何だったのか』青弓社

秦剛（2016）「漫画映画における桃太郎の表象──戦争するキャラクターの変容」『TOBIO Critiques #2』太田出版

神保光太郎（1943）『昭南日本学園』愛之事業社

竹内好（1993）「日本のアジア主義」竹内好『日本とアジア』東京：筑摩書房

ダワー，ジョン（2001）猿谷要監訳・斎藤元一訳『容赦なき戦争：太平洋戦争における人種差別』平凡社.

ティアニー，ロバート（2015）大﨑晴海訳「南洋の桃太郎──民話、植民地政策、パロディ」『JunCture：超域的日本文化研究』6. pp.28-40

中野聡（2012）『東南アジア占領と日本人──帝国・日本の解体』東京：岩波書店

中野聡（2018）「「アジア主義」──記憶と経験」『現代思想 総特集 明治維新の光と影── 150 年目の問い』第 46 巻第 9 号、pp. 134-149

前川佳遠理（2009）「日本占領下東南アジア研究史」東南アジア史学会 40 周年記念事業委員会編『東南アジア史研究の展開』東京：山川出版社

松浦正孝（2010）『『大東亜戦争』はなぜ起きたのか：汎アジア主義の政治経済史』名古屋：名古屋大学出版会

松岡昌和（2012）「『大東亜建設』と『日本音楽』─第二次世界大戦期における音楽プロパガンダ構想についての一考察─」平井達也・田上孝一・助川幸逸郎・黒木朋興編『グローバリゼーション再審─新しい公共性の獲得に向けて─』東京：時潮社

松岡昌和（2015）「映画の『南進』：アジア太平洋戦争期南方向け映画工作に関

する議論」『秀明大学紀要』12、pp. 71-96

松岡昌和（2022）「日本のシンガポール占領（1942 ～ 1945）と「桃太郎」」泉水英計編『近代国家と植民地性』東京：御茶の水書房

松本和也（2021）「太平洋戦争期の文化工作言説――南方・諸民族・大東亜共栄圏」『人文研究』（神奈川大学人文学会）204、pp. 1-33

松本和也（2022）「バターン半島総攻撃における文化工作―火野葦平「兵隊の地図」を中心に―」泉水英計編『近代国家と植民地性』東京：御茶の水書房

宮城大蔵（2013）「戦後日本とアジア：『四つの論理』と『三つのアジア』」松浦正孝編『アジア主義は何を語るのか：記憶・権力・価値』京都：ミネルヴァ書房

宮城大蔵（2017）『【増補】海洋国家日本の戦後史――アジア変貌の軌跡を読み解く』東京：筑摩書房

植民地官僚による「アジア民衆像」
——幣原坦を事例として——

山本一生 *

はじめに

　本稿は、帝国日本の教科書をめぐり、その内容面だけでなく編纂過程にまで射程を広げることで、植民地での人間形成という教育政策の解明をねらいとしている。教育関連法令の制定、教育政策の立案と遂行、教科書の編纂など、植民地官僚等が関わった業務は幅広い。

　そこで本稿は、幣原坦に着目し、植民地官僚研究の可能性と見通しについて述べる。幣原は旧韓国で学部学政参与官を務め、教育政策に関与していた[1]。その彼が旧韓国での経験を踏まえて 1910 年に列国植民地の教育状況を視察し、その報告書をまとめたのが『殖民地教育』（1912 年）である。佐藤由美は「（旧韓国から）帰国後の幣原は、文部省視学官となり、後年には各国の植民地視察に出かけるなど「植民地教育の専門家」としての道を歩んでいった」と指摘した[2]。その視察の記録が『殖民地教育』である。よって、「植民地教育の専門家」としての第一歩として同書を位置付けることができよう。そこで幣原がどのような思想を持っていたのか同書を事例に考察することを通じて、植民地官僚として抱いた「アジア民衆像」を確認することを本稿の目的とする。

　なお、本稿では同書の分析を中心とするため、彼の「アジア民衆像」が帝国日本の植民地教育政策にどう反映したのか、という課題については扱わないことをあらかじめ付言しておく。

＊鹿屋体育大学

第1章　幣原坦とは何者か

第1節　幣原坦略歴

　幣原坦とは何者か。簡単に確認する。1870（明治3）年に堺県茨田郡門真村（現在の大阪府門真市）に、豪農の幣原信治郎の長男として生まれる。実弟には、外務大臣や内閣総理大臣などを歴任した幣原喜重郎がいる[3]。門真市立歴史資料館には、『徳川氏全記　内藤教授口授　幣原坦筆記　巻壱』と題されたノートなどの資料が「幣原家文書」として収められている[4]。

　幣原は1893年に東京帝国大学国史科を卒業後、鹿児島高等中学校造士館教授、山梨尋常中学校長を歴任し、1900年に東京高等師範学校教授に任ぜられ、その身分のまま韓国政府に招聘される。さらに文学博士の学位を取得し、1905年に韓国学政参与官となる。1906年に文部省視学官となり、東京帝国大学文科大学教授を経て1913年に広島高等師範学校校長に転任する。1920年に文部省図書局長に転出し、1925年に台北帝国大学創設事務を委嘱し、1928年に台北帝国大学初代総長となり、後に興南錬成院長などを歴任した[5]。この経歴から、幣原は「内地」の教育行政だけでなく、「外地」の教育行政に深く携わった人物と言える。

第2節　幣原坦に関する先行研究

　小沢有作は幣原坦について、「自覚的に一貫して植民地教育への指導者意識をもちつづけ、実行しつづけた者は、日本の教育関係者のなかでは稀有の存在」とし、「植民地教育を正面から対象化した最初の「教育学者」」だと評する[6]。佐藤由美によると、幣原の人物像を「教育者」「歴史学者」「植民地教育の専門家」という3つの側面があり、それらが「渾然一体となってい」ると指摘する[7]。さらに韓国学政参与官としての幣原が立案した改革案は、日本語の普及・普通学校の充実・実業教育の充実という3点に力点があり、「後の朝鮮植民地支配に繋がる日本の対韓教育政策の枠組のなかに位置付けられていた」と結論付ける[8]。

　なお幣原坦に関して、他に韓国学政参与官時代、広島高等師範学校第二代校長時代、台北帝国大学初代総長時代の研究がなされてきている。韓国学政参与官時代に関しては先に言及した佐藤由美の他に馬越徹[9]、稲

葉継雄[10]が挙げられる。広島高師校長時代に関しては田中卓也[11]および馬越徹[12]がある。台北帝大総長時代に関しては、李恒全[13]がある。さらに幣原の著作『殖民地教育』と『大東亜の成育』に関しては松岡昌和[14]がある。このように、植民地教育の専門家となる幣原坦は多面的に検討されてきた。しかし、彼の初期の植民地教育観、特に彼の旧韓国時代の経験を踏まえた「アジア民衆像」については検討の余地がある。

第2章 『殖民地教育』における「アジア民衆像」の描写

第1節　幣原自身の経験に引き付けた描写

　松岡は1940年代の「大東亜共栄圏」概念の前史として幣原の『殖民地教育』を分析し、日本が将来的に直面することになる多文化、多言語状況についての幣原の問題意識は低く、「他人事」になっていたのではないかと指摘する[15]。この指摘を踏まえつつ、本章第一節で幣原自身の経験に引き付けての理解の仕方について検討し、第二節では列国植民地を比較して何に気付いたのか考察する。

　まず、フィリピンでの小学校英語教育について、幣原は参観の記録を以下のように記している。

　　余は或小学校の一学年の児童が、会話の稽古をして居るのを見た。少女が、机の上に、こめやら豆やらを陳列して、売り手になつてゐると、男の児が紙を切つて造つた銭を以て、此の品物を買ひに行く。其の会話が中々上手で、我国の中学校の三学年の生徒ぐらゐでは、之に及ばぬであらうと思はれた（『殖民地教育』10頁）。

　小学校1年で日本国内の中学3年以上の英語力があることを、驚きをもって記している。このように日本の学校教育を想起しながら学校見学を行っている。おそらく学校参観はごく短時間であろうから、その参観記録からはアジア民衆を教育の主体ではなく、客体として「観察」することに主眼があるように思われる。

　さらに「（フィリピンの）田舎の学校に就て実際を尋ねて見ると、雨天には出席が悪いといふことである。朝鮮と頗る類似の点が多い」（『殖民

地教育』41頁）と記すように、彼の旧韓末の経験を想起している箇所が見られる。こうした過去の経験の想起は、例えば以下のような記述にも見られる。

　（フィリピンにおける）高等学校は全く朝鮮の高等学校（今の高等普通学校）を見たやうなもので、ざつと我国の中学校である。修学年限も、朝鮮のそれと同一なるは、亦面白いではないか。朝鮮の高等学校（元の中学校）官制創設については、色々の苦心があつたが、知らず比律賓のそれにも、亦同様であつたか否や（『殖民地教育』7頁）。

　フィリピンの高等学校の修業年限が、韓国学政参与官時代に幣原が行った学制創設での修業年限と重なった。フィリピンを参考にしたわけではなく、たまたまだったに過ぎなかったが、自身の経験に引き付けて理解しようとしていた。こうした記述は、同書で散見される。エジプトでも修業年限の重なりから以下のように記述している。

　近年、政府は、小学校を諸方に設けることになつた。其の修業年限は四箇年。実に朝鮮の普通学校を髣髴としてゐる。（略）次に中学校はどうなつてゐるかといふに、修業年限は矢張り四箇年。是亦朝鮮と同じ組織である（『殖民地教育』252-253頁）。

　フィリピンと同様に、修業年限が韓国時代に創設した学制と重なったことを想起している。他にインドでは以下のように記録している。

　又中には、教育は時間つぶしであるかのやうに思つてゐるものもあつて、役人になる資格を与へなければ、学校を無用視する風があるといふが、朝鮮に於いても、正しく同じ経験に遭遇したのである（『殖民地教育』221-222頁）。

　インドにおける学校教育への無理解から、韓国時代の経験を想起している。こうして、列国植民地の学校教育を視察する際に、幣原は韓国学政参与官時代の自身の経験に引き付けて理解しようとしていたことが窺

える。

第2節　列国植民地経営についての幣原の気付き

　複数の列国植民地を歴訪した幣原は、植民地教育の経営について気付いたことを報告している。フランス領インドシナについては以下のようにある。

　　（フランスは）従来は、あまり教育に深入りした形迹は見えない。又中等程度及び其の以上の学校が極めて少いのでも其の一斑が知れるのである。但し目下は、丁度過渡の時代で、是から教育の改善に取りかからうとしてゐるやうに見える。（略）従来又仏国人は、何もかも本国流でをし通さうとした風があつたのを、今は漸く之を改めて、久しく土人(ママ)に教化を及ぼした漢学を尊重し、道徳の標準に激変を与へないことを務むるやうになつた。（略）何分義務教育でないから、多くの生徒を得ることは出来ないけれども、実際は土人(ママ)の教育熱が案外強いやうに見受けた（『殖民地教育』111-113頁）。

　このように、為政者側の視点から植民地教育が「本国流」から、現地の教育熱に適応した形に変化していることを記述している。こうした変化を、オランダ領東インドでも気付いた。

　　何処でも、無理に教育を強いないやうには見える。故に義務教育なんどいふものはない（是は比律賓も安南地方も同一であるけれども）。併し学校は相応に栫へてあることは明らかであつて、誠に怨を買はざる遣り方であると思はれる（『殖民地教育』146-147頁）。

　オランダでは、現地人教育は不熱心だが、「学校は相応に栫へ」ていることで現地の教育熱に対応する姿を「怨を買はざる遣り方」と肯定的に評価している。日本の植民地教育では1920年代に「現地適応主義」へと転換する。しかし幣原は各地を歴訪して比較することで、為政者側の視点からその先駆け的な見通しを立てていたのかもしれない。

おわりに

　以上、幣原坦の『殖民地教育』を事例に、彼の「アジア民衆像」を確認してきた。その結果、植民地教育を幣原自身の教育経験に引き付けて理解しようとしたという特徴がある。彼のフィルターを通して各植民地の教育を参観し、日本の植民地教育実施のヒントを得ようとする姿勢であった。すなわち、彼にとってのアジア民衆は、観察される「客体」に過ぎなかった。

　今後の課題として、植民地官僚の背後で影響を持った機関や企業に目を向けることである。『殖民地教育』では「此の旅行について、台湾総督府、我領事館、各殖民地の官憲、三井物産株式会社支店、及び内外知人の好意を恭うし、為に攷査に多大の便宜を得たことは、深く感謝する所である（『殖民地教育』5頁）」とあるように、幣原坦の視察には背後に上記のような機関や企業といった様々なアクターがいた。これらが各地での通訳や資料整理のための便宜を図ったと思われる。こうした植民地教育に働くアクター同士の関係を検討することも、課題になるだろう。例えば、言及されているのがなぜ台湾総督府であって朝鮮総督府がないのかといった問いを立てることもできよう。

【註】
1　旧韓国において幣原坦が学政参与官として就任し、更迭されるまでのいきさつについては佐藤由美『植民地教育政策の研究 [朝鮮・1905 － 1911]』（龍渓書舎、2000 年）第 1 章を参照のこと。
2　佐藤前掲書、50 頁。
3　佐藤前掲書、53 頁。
4　2014 年 11 月 21 日、山下達也氏と訪問し、資料調査を行った。
5　「特ニ親任官ノ待遇ヲ賜フ 興南錬成院長 幣原坦」『公文別録・親任官任免・明治二十二年～昭和二十二年・第九巻・昭和十六年～昭和十八年』（国立公文書館所蔵、JACAR:ref.A03023536300）
6　小沢有作「幣原坦論序説 - 植民地教育指導者の足跡と思想 -」（朝鮮問題研究会『海峡』1 号、1974 年）3-5 頁。
7　佐藤由美前掲書、50 頁。
8　佐藤由美前掲書、52-53 頁。
9　馬越徹「漢城時代の幣原坦－日本人お雇い教師の先駆け－」（『国立教育研究所紀要』第 115 集、1988 年）
10　稲葉継雄「旧韓国の教育行政と日本人の役割－学政参与官幣原坦を中心と

して‐」（稲葉継雄『旧韓国の教育と日本人』九州大学出版会、1999 年）

11　田中卓也「幣原坦の教育関係資料について‐広島高等師範学校第二代校長在職時まで‐」（『広島大学文書館紀要』第 11 号、2009 年）

12　馬越徹「広島高師時代の幣原坦‐『学校教育』にみる植民地教育観‐」（『戦前日本の植民地教育政策に関する総合的研究』平成 4、5 年度科学研究費補助金（総合 A）研究成果報告書、研究代表者：阿部洋）

13　李恒全「台北帝国大学設立計画案に関する一考察‐幣原坦の設立構想を中心に‐」（『神戸大学大学院人間発達環境学研究科研究紀要』第 1 巻第 1 号、2007 年）

14　松岡昌和「幣原坦の「外地論」」（『帝国日本の「外地」中等教員ネットワーク』、挑戦的萌芽研究科研費報告書、2017 年 3 月、研究代表者：山本一生）

15　松岡前掲論文、52 頁。

Ⅱ. 研究論文

1910 年代・20 年代台湾の社会教育における「国語」教育
——『国語捷径』(1915) を中心に——

藤森智子 *

1. はじめに

　1895 年、下関条約により台湾は清朝から日本に割譲され、その後 1945 年までの 50 年間にわたり日本の統治下に置かれた。同化政策を標榜する台湾総督府にとって「国語」すなわち日本語の普及は、50 年間にわたる統治の中で最重要政策の一つであり続けた[1]。領台直後より、台湾総督府は同化政策を標榜する伊沢修二を学務部長に任命し、過渡的な教育実践を経た後、公学校の設置により国語普及を図っていった。各地における公学校の設置とともに、国語は台湾社会に普及していくが、公学校が義務教育でない以上、その普及率は高くはなく、1905 年に 0.38%（男 0.69%、女 0.03%）、1915 年に 1.63%（男 2.91%、女 0.26%）、1920 年に 2.86%（男 4.93%、女 0.66%）と、1895 年の領台以来、25 年の長期にわたってわずか 3% にも満たなかった。この普及率は、1930 年になって 12.36%（男 19.35%、女 5.14%）と、ようやく 10% を越えたが、台湾人の同化を標榜するにはほど遠い数値であった[2]。特に、女性の国語普及率は公学校就学率と比例して低く、こうした多くの女性を含む未就学者への社会教育が国語普及の上で緊要な課題となった。

　1914、5 年頃になると、各地で社会教育として「国語夜学会」「国語練習会」等の名称で国語が教えられるようになった。これは日本の新教育を受けて育った各地のエリート階層により、纏足解放や断髪などの社会運動の一環として行われたものであった。これらの趨勢を受けて、1930 年代以降、総督府により「国語講習所」が設置され、公学校に通わない

＊田園調布学園大学

多くの台湾人に国語を学ぶ機会が与えられた。1937 年以降は、皇民化運動の下でさらなる国語普及が推進され、国語普及率は飛躍的に伸びていった。

　台湾での国語普及を考える上で社会教育の検討は重要であるが、その研究は未だ蓄積が薄い。日本統治時期台湾の社会教育に関する先行研究は、拙著（参考文献）の他、宮崎聖子『植民地期台湾における青年団と地域の変容（御茶の水書房、2008 年）などが挙げられる。国語普及に関しては、先駆的研究として呉文星「日据時期台湾総督府推広日語運動初探」（上）（下）（『台湾風物』第 37 巻第 1 期、第 4 期、1987 年）、周婉窈「台湾人第一次的「国語」経験―析論日治末期的日語運動及其問題」（『新史学』第 6 巻第 2 期、1995 年）などがある。また、玉置充子「日本統治期の台湾の「国語」普及と教化団体―1920 年代の台北州鶯歌庄を例として」（『拓殖大学日本語教育研究』第 6 巻、2021 年）は台北州鶯歌庄資料を利用し台北州の一地域である鶯歌庄の国語普及の実態を解明しているが、こうした実証研究は未だ少なく、殊に実際の国語教育や国語教材に関する研究は未開拓である。1930 年代以降の国語普及運動に関しては、筆者はこれまで「国語講習所」をはじめとした研究によりその普及の実態を明らかにした。1930 年代はいわば総督府がお墨付きを与えた「国語講習所」が台湾全島で展開され、国語普及率が飛躍的に伸長した時期であるが、その前段階である 1910 年代・20 年代は、社会教育による国語普及が開始され、その方法が模索された時期であった。本稿は、1915 年、台湾教育会から国語普及施設で使用する教材として発行された『国語捷径』を取り上げ、その内容を検討し、1910 年代・20 年代の台湾社会における国語教育の一端を明らかにする。

2. 1910 年代・20 年代の国語普及 [3]

2-1. 各地における国語普及施設の設置

　1910 年代初期、台湾社会において、纏足解放と断髪の運動が起こった。各地の街庄長はこの状況を利用して、各地の社会指導階層自らが風俗改良会、同風会、敦風会、敦俗会、矯風会等の社会教育団体を組織するこ

とを奨励した。1915 年になると、総督府はさらに進んで保甲制度を利用した纏足解放、断髪運動を全面的に推進するとともに、「始政二十周年記念事業」として、台湾人の同化を促進するために、台湾各地の社会指導層が風俗改良会と国語普及会を開設するよう奨励した。この時期になって、台湾各地では、社会教育団体が次々と設立され、社会教育の性質を有した「国語普及運動」が展開されていくことになった [4]。

　各地では、「国語練習会」「国語普及会」「国語講習会」等の名称で、国語普及施設が設立された。それらは、市街庄等の補助や援助の下に常設されたものもあったが、講習会の形式をとって臨時に開催されたものが多く、地方の実情に応じて経営されており、統一性はなかった [5]。講習時間は、ほとんどが夜間であり、地方によっては農閑期を利用しているところもあった [6]。

　この時期の国語普及施設に関しては、総督府嘱託であった山根勇蔵による統計調査報告が『台湾教育会雑誌』に載せられている。この統計に基づくと、1919 年の国語普及施設の名称は、「国語普及会」「国語練習会」「国語奨励会」「国語講習会」「国語夜学会」「国語研究会」「国語伝習会」等があり、中には女子用の国語普及施設もあり、その総数は、887 カ所にのぼった。最も設置が多かったのが桃園庁であり 284 カ所、次いで台南庁が 223 カ所と、この二カ所で半数以上を占めている [7]。会場は、公学校を使用したものが最も多く 277 カ所、民家が 180 カ所、保甲事務所が 162 カ所、廟宇が 132 カ所、特設会場を有するものが 24 カ所であった。科目は、国語を主とし、これに修身・作法・漢文・算術・家事・裁縫・唱歌等の一科目または数科目を教えるところもあった。会期は各施設様々であったが、3 ヶ月が最も多く 219 カ所、6 ヶ月が 188 カ所、12 ヶ月が 167 カ所であった。1 週間の授業時間数は 1 日から 7 日で、6 日が 279 カ所、3 日が 261 カ所、2 日が 179 カ所であった。1 日の教授時数は、1 時間から 6 時間であったが、2 時間が最も多く 770 カ所であった。講習時間は、普通夜間に開催されたが、女子に関する施設は昼間開催するものも少なくなかった [8]。

　会員は、青壮年を主としていたが、公学校に入学できない少年や老年もあり、また少年のみを会員とするところ、区長・保正・甲長等の公職者のみを会員とするところ等があった。1919 年 11 月末の会員数は、男

子会員 35,659 人、女子会員 8,643 人で合計 44,202 人であった。講師は
2,164 人、そのうち公学校教職員が 982 人、警察官吏が 460 人と多くを
占めていた。経費は、地方有志家の寄付金によるものが 494 カ所と一番
多く、会員から会費を徴収して支辨するものが 159 カ所であった[9]。

　このように、各地の取り組みとして展開されていた国語普及運動で
あったが、これらが、総督府により整備され始めて行くのが内地延長主
義下の 1920 年代である。

2-2.　内地延長主義下の国語普及運動

　1918 年、明石元二郎が台湾総督に就任すると、同化主義を施政方針に
掲げた。翌 1919 年 1 月、「台湾教育令」が発布され、田健治郎が最初の
文官総督に就任すると、「内地延長主義」を統治方針に掲げ、国語普及
を徹底させることが最大目標とされた。この時期は、内地においても大
正デモクラシーの下、政治や社会面において、自由民主の思想が勃興し、
このことが植民地の行政にも影響を与え、同時に植民地の知識人たちの
活動を活発にした。国語普及運動も、この時期、さらに推進された。当
時、台湾社会ではそれぞれの母語が通用していたが、1920 年、「地方制
度改革」が推進されると、州、市、街、庄の協議会では国語が会議用語
とされた。この時期に至って、総督府は法令を通じて国語を公用語とす
ることを明確に規定して示したのであった[10]。

　内地延長主義下では、公学校が増設された。1919 年から 1923 年の
間、公学校は 438 カ所から 715 カ所に増設され、生徒数は 125,135 人か
ら 209,946 人に増加している[11]。就学率でみると、1918 年に 15.71% で
あった公学校就学率は、翌 1919 年に 20.69% に、1920 年には 25.11% に
上昇し、その後はほぼ 28% 前後で推移し、1929 年に 30.68% と、30% を
越えた[12]。1922 年に出された第二次台湾教育令では、国語を常用する台
湾人児童は小学校に入学できることが認可により認められた。

　この他、社会教育行事として、各地主要都市を巡回的に会場として開
催される全島規模のスピーチコンテストである「国語演習会」が開催さ
れた。これは 1914 年より継続して行われた行事であった。この他、国語
普及を表彰する団体として、1923 年に「恩賜財団台湾済美会」、1925 年
に「恩賜財団台湾教化事業奨励会」が設置され、毎年定期的に各地の優

良国語普及事業や国語普及事業功労者に対する表彰が行われた[13]。

　1920年代初期までに、国語普及施設は台湾各地に設置され、国語普及運動が各地で盛んになった。1923年には「国語練習会」は、全島で900余り設立され、修了生は42,000人余りに達した。しかし、その後、国語普及熱は冷め、毎年の修了生は約2万人前後に落ち着いた[14]。

　台湾総督府は、1927年、文教局の下に社会課を設置し、その中に社会教育係を置き、国語普及に関する事項を扱わせることとした[15]。これにより、それまで各地の組織に任され推進されてきた社会教育事業は、正規の管理下に置かれることとなった。その結果、1930年に至るまで、各地の国語普及施設の設置数と修了者数は顕著な伸びを見せた。全島の国語普及施設の設置数と修了者数は、1927年、832カ所、13,765人、1928年、768カ所、19,783人、1929年、1,711カ所、21,333人、1930年、955カ所、33,989人であった[16]。

　このように1910年代、20年代に台湾社会に拡大していった国語普及を背景に編纂され使用されたのが、台湾教育会から発行された『国語捷径』(1915) であった。本書は国語学校助教授の宇井英と同じく劉克明の両名によって編纂された。

3. 『国語捷径』出版の背景とその内容

　『国語捷径』の内容を検討する前に、執筆者に関して簡単に紹介する。執筆者の宇井英は1908年台湾総督府国語学校助教授となり、以降台湾人を対象とした日本語教育に従事していた。これと併行し、宇井は在台日本人の中では極めて意欲的に書籍の執筆に携わっていた。例えば、1910年には『国語入門会話篇』を出版したが、台湾総督府国語学校校長本荘太一郎氏の推薦序文によれば、同書では小説のような挿絵や平易な問答形式の会話文を採用し、学校の生徒のほか、学校に通っていない学習者の参考になりうる内容であったという[17]。簡単に言えば、宇井は学校で教鞭を執る以外に、日本語の教本を執筆することにより、台湾の日本語教育に少なからぬ貢献を果たしてきた。また、もう一人の執筆者である劉克明は1884年台北市生まれで、1903年台湾総督府国語学校師範部卒

業後、ただちに同第一附属学校雇となり、1908 年より台湾総督府国語学校助教授として日本人に対する閩南語教育に従事していた[18]。林進発著『台湾人物評』（1929 年、赤陽社）は、台湾教育界の功労者で漢学の造詣も深く日本語も流暢、人となりは温厚篤実で、教育家としては申し分ない人物であると評した[19]。本節は、この二名により編纂された『国語捷径』の出版当時の状況と内容を検討する。

3-1. 『国語捷径』出版当時の状況

前節で見たように、この時期、「国語練習会」「国語夜学会」といった国語普施設が各地に設置され国語普及運動が推進される中で、教授法や教材に関する関心が高まっていた。本項では、代表的な教育雑誌であった『台湾教育』をはじめとする雑誌記事から当時の状況を概観する。これらの雑誌記事は教育関係者や知識人により執筆されており、その中には日本人も台湾人もおり、執筆言語も本稿が対象とする時期には日本語、漢文の双方があった。大正年間から昭和初頭の世相を受けて比較的自由に発言されていたといえる。

『国語捷径』が出版された 1915 年には、『台湾教育』には次のような記事が掲載された。「国語夜学会の教材は、卑近簡易にして実用を主とせざるべからず。日常普通の問題を捉へて、極めて実際的に之を教授するを要す。上品に過ぎ丁寧に失したる言葉遣や、徐りに語法・敬語などに拘りたる会話は実際に用をなさぬものなり。近頃或本島人が、停車場にて汽車の切符を買ふ時、「台北…三等往復一枚」と言ひて事足るべきを、夜学会にて先生より教へられたる通り、如何にも鄭重に長々しく文句を並べたる為、却りて用が足りず、駅員に叱られ群衆に笑はれたることあり。是れ吾人婆心の二なり[20]」。国語普及施設で教える国語が社会で実際に使われるものと乖離しているという指摘であり、日常生活の事柄を実際に則して教授する必要性が訴えられている。また、1920 年、『語苑』に掲載された「国語夜学会」で国語を勉強することを推奨した記事は次のように指摘している。各地に「国語夜学会」が設置され国語学習が奨励されているにも関わらず、高齢であることや漁業、製塩業、畑作等の仕事が忙しいことを理由に、官公庁に奉職するわけでもないので国語を習う必要がないという者があるとしている。その上で、「若シ吾々

ガ国語ニ通暁スルナラバ自分ノ利益バカリデナク其上人カラモ軽蔑セラ
レズ子孫マデモ益スルコトガアルダロウト思ヒマス。…（中略）国語ヲ
研究シタイト思フナレバ国語夜学会ニ入ッテ習フヨリ外ニ途ハナイ此ノ
後ハ老少ノ別ナク漁業者製塩業者畑作者其他何業ニ限ラズ絶対ニ国語夜
学会ニ入ッテ国語ヲ習フコトガ最モ必要デアリマス[21]」。国語に精通すれ
ば自らに利益があるだけではなく、人から軽蔑を受けない、子孫まで益
するところがある、老少の別なく、職業に関わりなく「国語夜学会」に
入って国語を習うことが必要だとされている。元役所の肩書の筆者によ
る記事は、施策者の立場に近い見解を示したものであろうが、義務教育
が施行されていない状況にあって、不就学者や青壮年の国語教育が「国
語夜学会」等の国語普及施設による他ないという実態が述べられている。
また、1917 年の『台湾教育』に掲載された記事には、国語普及の目的は
「一、国語を以て忠君愛国の国民性を養うこと。二、国語力によって我
が国の礼儀作法及び日常生活上の須知事項を知らしめ、並びに内地人と
日常交際、意思疎通、感情融和、自他互受、利益幸福を円満に行うこと。
三、日常生活を送るうえで必要な物を取り上げ、その名称や、それにか
かわる会話を教授すること[22]」とされている。国語普及の目的には、忠
君愛国という国民精神を養成することの他に、日本の礼儀作法や日常生
活上の須知事項を知らしめ内地人との交際等を円満にすること、日常生
活上必要な事物の名称や会話を教授することという実質的な事柄が挙げ
られている。

　1919 年の『台湾教育』の記事には国語夜学会教授上の注意についても
述べられている。記事の中では、教材に関して次のように記されている。
「各処夜学会で使用されている教材は同じではない。宇井氏の著した国
語教本を用いたり、劉克明氏が著した台語大成を用いたり、教育会が発
行した国語捷径を用いたり、自ら編集する者もあり…（省略）。その教材
は平易なものから難しいものへと移行し、題材同士を互いに関連付け全
体の均整を取らなければならない。その内容は会員の用語に適合してい
なくてはいけない。例えば、車夫ならば車夫の用語を用い、婦人ならば
家庭用語を用い、商人ならば商業上の用語を用い、農家なら農業上の用
語を用いる[23]。」とされている。「国語夜学会」では『国語捷径』をはじ
めとした教材が用いられており統一性はないこと、教材は平易なものか

ら難しいものへと移行し、教授される用語は、車夫、婦人、商人、農家など各会員に適した用語が教授されなくてはならないこと等が記されている。

　これらの記事からは、当時台湾社会で実益が重視され、日常の礼儀作法や日常生活に必要な会話という実質に即した日本語教育が求められていたことが窺える。これは、『国語捷径』が日常卑近の実質的物事や出来事を扱った会話教材であることと合致している。

　『国語捷径』は 1915 年 10 月 24 日に印刷され、10 月 27 日に第一版が台湾教育会から発行された。定価は 15 銭であった。出版の状況を、当時の新聞記事から把握しよう。初版発行からひと月が経過した 1915 年 12 月の『台湾日日新報』には次のような記事が掲載された。当該書が最も時宜に投じた良書であり各庁からの需要が意外に多く「発売後未だ半月を出ざるに初版品切れとなり尚ほ国語研究者側の熱心なる希望に依り相次いで再版着手したれば来る十三日頃には再び発売の運びに至るべき予定なるが一時に多方面より申込あるも発送上混雑を来たし従つて延着の虞れあるを以て緊急を要する希望者は各地方一纏めと為し此の際至急同会宛申込ありたしと [24]。当該書が発売から半月を経ずに初版品切れとなったこと、国語研究に当たる側からの熱心な要望により相次いで再版に着手し、再び発売される運びとなったこと、申込が多方面から殺到しているため延着のおそれがあること、緊急を要する希望者は各地方一纏めにし至急台湾教育会宛に申し込んでほしい旨が記されている。

　続いて初版発行から 3 か月が経とうとする 1916 年 1 月の『台湾日日新報』には次のような記事が掲載された。「国語研究熱の旺盛なる今日同書が内容の整頓せると価格の廉価なる為め意外なる歓迎を受け初版発売以来飛ぶが如くに売れ行き好く同教育会にては多数註文の為め一方ならず忙殺せられ居る由にして今日迄の需要既に一万部以上に達し尚ほ続々註文絶えざる有様なるを以て目下第四版印刷中なりと [25]。その内容と廉価な価格のため、当該書が初版発売以来飛ぶように売れ、出版から 3 か月を経ない時期にすでに 1 万部以上の需要があり、出版元の台湾教育会は忙殺されながら第 4 版を印刷中であるという内容である。これらの記事からは、『国語捷径』が出版以来好評を博し、注文が後を絶たない状況であること、1 万部を超える需要があることが明らかにされている。

1918 年 11 月 10 日には第 15 版が発行されていることが実物から確認できる。発行部数は、印刷時に 4,000 冊、その翌年に 31,000 冊と大幅増刷され、その後も昭和初年度（1926 年度）まで毎年 5 千から 1 万部発行された[26]。1924 年の『台湾教育』の巻末に『国語捷径』の広告が掲載されたが、この時点で第 19 版が発行されたことが確認できる[27]。1 版が 5000 冊から 1 万冊とすれば、発行から 10 年間で 15 - 20 万冊印刷していることが推察される。

3-2. 『国語捷径』の内容

　『国語捷径』は、対話文とその閩南語訳、課によっては課末に載せられた語彙集から構成される語学教材であり、全 46 課からなる。本節では、その内容を検討する。

3-2-1. 『国語捷径』出版の目的

　序文と凡例には出版の目的が記されている。それぞれその内容を検討しよう。

　　序
　　今ヤ我カ　皇即位ノ大典ヲ挙ケサセ給ヒ、萬邦玉帛ヲ献シ四海賓服セサルハ靡シ。飛竜御天ノ盛儀寔ニ古ヲ曠ウセントス。我カ台湾ハ宛モ此ノ歳ヲ以テ始政第二十周年ニ相当シ、島民靡然トシテ辮髪ヲ断チ纏足ヲ解キ、争ウテ国語ノ使用ニ熱中スルノ風潮ヲ生シ、皇澤漸ク海浜ニ遍ネカラントス。惟フニ断髪解纏ハ固ヨリ島民進化ノ憑徴タリト雖モ畢竟進化ノ外貌タルニ過キス。其ノ国民性ノ涵養ヲ全ウシテ真ノ同化ヲ我カ島民ニ求メントスルニ至リテハ、必ラスヤ国語ノ習熟ニ俟タサルヘカラス。我カ教育会ハ此ニ見ル所アリ、国語学校助教授宇井英同劉克明ノ二氏ヲシテ国語捷径一巻ヲ編纂セシム。其ノ目的トスル所ハ巧遅ヲ棄テテ拙速ヲ貴ヒ、理論ヲ避ケテ実用ヲ重ンシ、勉メテ国語ノ普及ヲ諮リ、以テ刻下ノ急需ニ応セントスルニ在リ。是ヲ以テ妄ニ高尚難解ナル言語ヲ掲ケス広範ニシテ卑近ナル通用語ヲ彙集シテ全ク実務ニ適切ナラシメ、巻中幾多ノ例語ヲ挙ケテ変化応用ノ資料タラシメンコトヲ期シ、多岐迷津ノ初学者ヲシテ直ニ舟筏ノ便ヲ得シメント

セリ。眇タル小冊子固ヨリ多大ノ望ヲ属スル能ハスト雖モ、本書ニシ
テ幸ニ広ク世ニ行ハルルニ於テハ恰モ好シ邦家ノ慶典ヲ記念スルト同
時ニ教化ノ萬一ヲ補フニ庶幾カラン。上梓ノ日一言ヲ巻首ニ辨シ、以
テ編纂ノ趣意ヲ明カニスト云フ。

　　大正四年九月下旬

　　台湾教育会長　内田嘉吉

　序文は、台湾教育会長の内田嘉吉により寄せられた。そこには、始政
二十周年に相当する当時、台湾各地で断髪解纏が起こり、争って国語使
用に熱中する風潮が生まれたが、台湾人に同化を求めるには、国語の習
熟が必要であることが記されている。この情勢を受け、台湾教育会で国
語学校助教授の宇井英と劉克明の二名に『国語捷径』を編纂させたこと
が記されている。その目的は、巧遅を棄てて拙速を貴び、理論を避けて
実用を重んじ、勉めて国語の普及を謗り、刻下の急速な需要に応じよう
とすることであるとされている。本書はまた、高尚難解な言語を掲げず、
広範で卑近な通用語を彙集して、実務上適切となること、例語を多く挙
げて変化応用の資料となることを期し、初学者に直に手引きを得させよ
うとするものであることが記されている。

　　凡例

一本書は、台湾に於て、各地に開催せらる丶国語研究会、青年会又は
　夜学会等にて、国語を学習する者の為に編纂したるものなり。

一本書は、実用を主として、速成的に日常吃緊の国語を会得せしむる
　を目的としたれば、全編会話体となして、之に総振仮名を施し、且
　全体台訳を附せり。

一本書に掲げたる事項は、たゞ会話の形式を示したるのみなれば、教
　授者は宜しく之を活用して、縦横自在に国語を使用し得る様に努む
　べし。殊に課の終に附記したる語は、適宜之を応用し、尚之を補ふ
　に偶発事項を以てせんことを望む。

一本書は、専ら国語を学習する者の為に編纂したるものなれども、又
　其の台訳は、以て台湾語学習者の津筏に供すべきなり。

　　　　　　　　　　　　　　　　　　大正四年八月　台湾教育会

　凡例には、本書は①各地の国語普及施設で学習する者のために編纂されたこと、②実用を重視し速成で日常喫緊の国語を会得させることを目的として全編会話体とし、総振り仮名を施し、閩南語訳を付けたこと、③会話の形式を示しているだけなので教授者はこれを活用して学習者が国語を使用できるように努めること、④閩南語訳を閩南語学習者の手引きとして提供すること等が記されている。

　総じて、序文と凡例では、『国語捷径』が、各地の国語普及施設の教材として編纂されたこと、実用、速成を重視し、日常喫緊の国語を会得させることを目的としていること等が明らかにされている。

3-2-2. 教材内容

　本節では、『国語捷径』の内容を検討する。表1は、『国語捷径』の目次と各課の文例、及び内容の分析を記したものである。文例は初めの一行に代表される各課の学習する文、文型を抜き書きしたものである（課によっては一行目ではないものもある）。

表1　『国語捷径』（1915）　課名及び文例

課	課名	文例	内容分類
1	片仮名	アイウエオ	1
2	物	コレハ、何デスカ。	1
3	人	ドナタガ、木仔サンデスカ。	1
4	場所	コヽハ、何デスカ。	1
5	方角	東ハ、ドチラデスカ。	3
6	名数一	此ノ籠ニ、蜜柑ガ、イクツ有リマスカ。	3
7	名数二	此処ニ、大人ガ、イクタリ、居マスカ。	3
8	時	唯今ハ、何時デスカ。	3
9	年月日	今年ハ、何年デスカ。	3
10	尺度	アナタノセイハ、ドレダケ有リマスカ。	3
11	挨拶一	今日ハ。	1
12	挨拶二	今日ハ、ヨイオ天気デス。	1
13	家族	主人（戸主）ハ、家ニ居マスカ。	2
14	命令	部屋ノ中ガ、大変キタナイカラ、掃除シナサイ。	2
15	陳謝	此ノ硝子ヲ壊シタノハ、誰デスカ。	2
16	台湾	台湾デ、賑カナ所ハ、何処デスカ。	3
17	誘引	今日、農会ニ某学士ノ講話ガアルサウデスガ、聴キニ、オ出デナサイマセンカ。	3
18	途上一	モシヘ、××街ハ、ドノ辺デスカ。	2
19	途上二	ドチラヘ、オ出デデスカ。	2
20	貸借	一寸、此ノ小刀ヲ貸シテ下サイ。	3

課	課名	文例	内容分類
21	売買一	米ハ、一斗イクラデスカ。	3
22	売買二	魚屋デゴザイマス。	3
23	売買三	洋傘ヲ見セテ下サイ。	3
24	電話	二百四十七番。	3
25	いろは	いろはにほへと	1
26	郵便局	此の手紙を書留郵便に願ひます。	3
27	訪問一	御免下さい。	3
28	訪問二	御免下さい、〜。	3
29	転居	私は、李成蹊と申す者で御座います。	3
30	贈遺一	これは、お珍しくもありませんが、少しばかり、お目に掛けます。	3
31	贈遺二	や、朱文明さん、何時内地から、お帰りなさいました。	3
32	慶賀	新年あけましておめでたう御座います。	3
33	見舞一	昨日は、ひどい暴風雨でしたが、お宅は、御別条もありませでしたか。	3
34	見舞二	此の頃は、大層厳しい暑さでございますが、先生には、お障も御座いませんですか、お伺ひ申し上げます。	3
35	診察	先生、どうぞ御診察を願ひます。	3
36	弔慰	お祖母様には、御療養のかひもなく、おなくなりなさいまして、さぞお力落でございませう。	3
37	招待	明後日は、祖父の還暦の祝を致しますから、何も御座いませんが、午後の三時頃に、私の宅へお越し下さるやうに、お待ち申し上げます。	3
38	依頼一	聡明さん、一寸お頼み申します。	3
39	依頼二	私は、あなたに、一つお頼みがあって参りました。	3
40	派出所	一寸お願ひ申します。	3
41	人力車	旦那、車は如何ですか。	3
42	汽車一	台南行の切符を一枚下さい。	3
43	汽車二	おや、此の車も、一杯詰ってゐて、此処にも、腰を掛ける場所が、無い。	3
44	汽船	や、蔡さん、どちらへ、お出でになりました。	3
45	宿屋	一晩、宿めて貰ひたいが。	3
46	国旗	昌平仔さん、〜。	3

内容分類　1：語学教材、2：日常事物、3：実学知識・社会知識

　　各課の内容を概観しよう。第1課は、カタカナの五十音、濁音、半濁音の表が挙げられている。当時の教本はまずカタカナが導入され、その後にひらがなが教えられる。本書は、第1課でカタカナを導入し、第24課までカタカナ・漢字混じり文で表記されている。第2課は、「コレハ、何デスカ。ソレハ、本デス。」という文型を使い身近な物を問答する。第3課は、「ドナタガ、木仔サンデスカ。」「私ガ、木仔デス。」という文型を用い人について問答する。第4課は、「コ、ハ、何デスカ。」「ドコニ、雑貨屋ガ、有リマスカ。」という文型を用い場所を問答する。第5課は、「東ハ、ドチラデスカ。東ハ、コチラデス。」といった文型を用い方角を問答する。第6課は、「此ノ籠ニ、蜜柑ガ、イクツ有リマスカ。ハイ、

一ツ、二ツ、三ツ、…（中略）十。皆デ、十有リマス。」といった数字と物の数え方を数例挙げ、その後に「鉛筆ガ、五ダースト、八本有リマス。皆デ、何本デスカ。」といった簡単な計算が挙げられている。第7課は、第6課に引き続き計算を兼ねて物の数え方が挙げられている。第8課は、「唯今ハ、何時デスカ。ハイ、唯今ハ、七時四十五分デス。」といった時間を表す表現が挙げられている。第9課は、「今年ハ、何年デスカ。ハイ、今年ハ、大正四年デス。」といった年や干支、年月日、曜日の表現が挙げられている。第10課は、「アナタノセイハ、ドレダケ有リマスカ。ハイ、私ノセイハ、五尺四寸有リマス。」といった身長、長さ、幅、間口、坪数、距離などの尺度を尋ねる表現が挙げられている。第11課は、「今日ハ。」「今晩ハ。」といった簡単な挨拶が挙げられている。第12課は、「今日ハ、ヨイオ天気デス。サヤウデス。ヨイオ天気デス。」といった朝晩や季節の挨拶が挙げられている。第13課は「主人（戸主）ハ、家ニ居マスカ。ハイ、家ニ居マス。」という対話で始まり、家族の構成や人数を問答する。

　第14課は、「部屋ノ中ガ、大変キタナイカラ、掃除シナサイ。」といった命令形の例文が挙げられている。第15課は、「コノ硝子ヲ壊シタノハ、誰デスカ。」の一文に始まり、過失を陳謝する対話文と、知らずに敷地に入ったことを陳謝する対話文とが挙げられている。第16課は、台湾の都市、山、川、港、湖、灯台、産物といった地理に関する内容が対話形式で紹介されている。第17課は、「今日、農会ニ某学士ノ講話ガアルサウデスガ、聴キニ、オ出デナサイマセンカ。」といった勧誘の表現を使った対話が挙げられている。第18課は、「モシ〳〵、××街ハ、ドノ辺デスカ。」といった道を尋ねる問答が挙げられている。第19課は、「ドチラヘ、オ出デデスカ。」といった表現を使用し、外で出会った知り合いとの会話が挙げられている。第20課は、「一寸、此ノ小刀ヲ貸シテ下サイ。」といった物を貸借する時の対話が挙げられている。第21課から23課までは、米、醤油、茶、魚、洋傘と靴下売買の場面で使われる表現と、値段の計算が挙げられている。第24課は、電話で商店に問い合わせをする対話文が挙げられている。

　第25課は、「いろは」の表が載せられ、これ以降の課はひらがなで表記されている。第26課は、郵便局での書留と為替に関する対話が挙げら

れている。第27課は、知人宅を訪問した際の対話で、子どもの様子を尋ねる話題などが挙げられている。第28課は、主人の留守時の訪問の対話が挙げられている。第29課は、引っ越し時の隣人への挨拶が挙げられている。第30課は、贈答品をやりとりする時の対話が挙げられている。第31課は、内地から帰り贈答品をやり取りする対話が挙げられている。第32課は、新年、結婚、出産といった慶賀の対話が挙げられている。第33課は、暴風雨、火事といった災難の見舞いの対話が挙げられている。第34課は、暑中の見舞い、病気の家族の見舞いの対話が挙げられている。第35課は、病院での医師と患者の対話が挙げられている。第36課は、香典を持って弔問する対話が挙げられている。第37課は、祖父の還暦祝いに招待された対話が、招待される場面、到着する場面、祝いの席での場面ごとに挙げられている。第38課は、手紙を読み書きする依頼及び台北の医学校にいる弟に品物を届ける依頼の対話が挙げられている。第39課は、弟を国語学校へ入学させたい人物が保証人を依頼する対話が挙げられている。第40課は、道で金を落とした人の派出所での対話が挙げられている。第41課は、人力車の車夫と客の対話が挙げられている。第42課は、汽車の切符を購入する対話が挙げられている。第43課は、汽車の中での客同士の対話が挙げられている。内地、基隆、台南、台北といった地理や距離や列車の速さが話題として挙げられている。第44課は、商用で汽船に乗って帰ってきた人が、基隆から神戸までの航路、舟の大きさ、船賃や海の様子を伝える対話が挙げられている。第45課は、宿屋に到着した客と従業員のやりとりが挙げられている。第46課は、訪ねて来た区長が祝祭日に国旗を立てるよう促す対話が挙げられている。

内容上の特徴

　内容は、おおまかに語学教材、日常事物、実学知識・社会知識の三つに分類される。語学教材は、五十音図や基礎的文型の提示、基礎的挨拶表現等を指す。日常事物は、日常生活上の物事やそれらに関する表現である。実学知識・社会知識は、算術や方角・時間の概念、地誌、地理、文明に関する知識等や、社会生活上の知識、礼儀作法を含む挨拶表現等である。本書は、日常生活で使用する会話教材であるので、何と言っても日常生活に関わる内容が圧倒的に多く、全編が日常生活の一場面である

といえるが、実学知識・社会知識に関わる内容はそれを日常事物より優先の分類とした。これらは表1に番号で示した。

　まず、語学教材は、カタカナ表やいろは表を示したもの（1、25課）、名詞を使用した基本的構文を示したもの（2、3、4課）、基礎的あいさつ表現（11、12課）などが挙げられる。次に、日常事物は、家族の構成（13課）、家の内外での出来事について命令するもの（14課）及び陳謝するもの（15課）、路上で道を尋ねるもの（18課）、路上で知人と挨拶を交わすもの（19課）などが挙げられる。最後に、実学知識・社会知識に関わる内容は、まず、実学知識には、基礎的な算術と方角や時間概念、尺度などを扱ったもの（5、6、7、8、9、10課）、台湾の地理や特産物などを示したもの（16、43課）、電話（24課）、郵便局（26課）、汽車（42、43課）、汽船（44課）などの近代技術に関する知識とその使用法を示したものがある。次に、社会知識には、基礎的な算術を使った売買のやりとりを扱ったもの（21、22、23課）、勧誘、賃借、訪問、転居、贈答、慶賀、見舞い、診察、弔慰、招待、依頼などの場面での勧誘、謝意、断りの伝え方、依頼のし方や社交的挨拶や実質的なやり取りなどが挙げられている（17、20、27、28、29、30、31、32、33、34、35、36、37、38、39課）。また、人力車（41課）や宿屋（45課）といった特定の職業でのやりとり、派出所（40課）でのやりとりや区長が国旗掲揚を説明する（46課）など、社会生活上の知識が示されている。

　これらの配置は、教本の始めの部分に語学教材や基礎的な算術、方角や時間概念、尺度などの単純な実学知識が多く配されるように工夫されている。単純に日常の事物を示した内容もまた、前半の方に配置されている。そして、課が進むに連れてより複雑な実学知識や社会知識が加えられていく構成になっている。例えば、第16課「台湾」は質問に答える形式で、「一番賑カナ所ハ、台北デ、其ノ次ハ、台南デス。」「一番高イ山ハ、新高山デ、其ノ次ハ、シルビヤ山デス。」「米ヤ砂糖ヤ茶ヤ樟脳ヤ塩ナドガ、主ナ産物デス。」など台湾の地理や産物を挙げており、郷土の知識を扱っている。また、電話、郵便、汽車、汽船などの近代技術に関する内容が教本の中盤、終盤に配置されている。そして、同様に中盤から終盤にかけて配置され、教本の中で最も多くを占めるのは社会知識である。「魚屋デゴザイマス。今日ハ、オ魚ハ、如何デスカ。」「ドンナ魚カ

表2　『国語捷径』第26課　「郵便局」

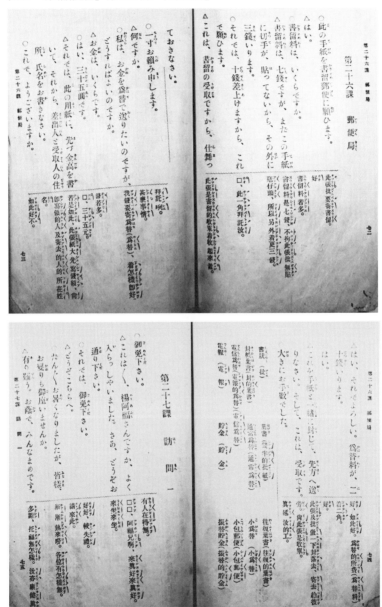

対話文と閩南語訳から構成され、課末に語彙集が載せられている。
出典：玉川大学教育博物館所蔵。

ネ。」「鯛ニ、鮪ニ、鰈ニ、蝦デゴザイマス。」「鯛ヲオ見セナサイ。」（22
課）といった実際の売買のやりとりや、「お祖父様には、御病気でいらっ
しゃるさうですが、如何で御座いますか。」「有り難う存じます。年寄の
事ですから、どうも捗々しく、よくなりません。」「それはご心配でござ
います。時候が不順でございますから、どうぞ御大切になさいませ。」
「態々お見舞下さいまして、有り難う存じます。」（34課）のように、社
会の様々な場面で使われる勧誘、謝意、断りの伝え方、依頼のしかた、社
交的挨拶や実質的なやりとりといった社会知識が扱われている。

　日常事物や社会知識を扱う課の中には、支配・被支配的な立場を表し
たものもある。例えば、15課「陳謝」の後半部分は敷地に入った者を注
意する内容であり、「オイ〳〵。」で始まり、「オ前ハ、其処ニ、何ヲシテ
居ル。」「其処ノ札ニ「無用ノ者、此ノ内ニ入ルベカラズ」ト書イテアル
デハナイカ。此ノ内へ、ハイッテハイケナイ。」「サウデスカ。私ハ、国
語ガ能ク分カリマセンノデ、知ラズニハイリマシタ。ドウゾオ許シ下サ
イマセ。」といった表現が挙げられている。また、41課「人力車」後半
部分は、「おい、車屋。」「お客様、どちらへいらっしゃいますか。」「西
門外街まで行くのだ。」「かしこまりました。」といったやりとりで始ま
り、「此処でよろしい。そら、車賃をやる。」「ありがたう御座います。」
という表現で終わるまでに、命令の表現とそれに応える謙譲語等の敬語
表現が繰り返し挙げられている。当時職種によってはこういった主従関
係のような関わりが存在していたと考えられるが、日本語でやり取りし
ている以上、命令する側は主に内地人が想定されたと推測される。日本
統治下に置かれた台湾社会の重層的な支配構造が反映されているといえ
よう。また、国体観念に関わる内容は、最終の46課「国旗」のみである。
訪ねて来た区長が祝祭日に国旗を立てることを説明し、課末に紀元節等
の一連の祝祭日に関する語彙が挙げられている。

　総じて、本書は社会教育の対象者に向けた教本なので、内容に社会知
識が多く含まれているのは当然であろう。商売の場面やすでに働いてい
る人々が社会の様々な場面で使用する日本語表現が主とされていること
が明らかである。このように、本書はむしろ日本語表現に重きを置いて
いるため、国体観念に代表されるような、日本精神を涵養するといった
政策的な意図は多くは見られない。

　また、登場人物は男女の別がないか、あるいはほとんどが男性と思われる。登場人物名は、木仔、阿水、劉サン（3 課）、阿仁、陳愚（14 課）、張阿房、黄石頭（24 課）、楊阿福（27 課）、鄭阿徳（28 課）、李成蹊（29課）、朱文明（31 課）、聡明さん（38 課）、蔡さん（44 課）、昌平仔（46課）等である。内容もまた、全体を通じてむしろ男性を想定した内容が多い印象を受ける。それは 1910 年代、20 年代の台湾社会の表舞台で活動していたのがほとんど男性であり、2-1 でみたように、「国語夜学会」等の国語普及施設で日本語を学習していた者たちの多くが男性であったことの反映であったともいえよう。不就学の女性に対する大々的な社会教育は、1930 年代、「国語講習所」が各地に設置されるまで待たねばならなかった。

表記上の特徴

　仮名表記に関しては、第 1 課でカタカナが導入され、第 14 課までカタカナ・漢字交じりの文で表記されているが、第 25 課でひらがなが導入され、それ以降最後の第 46 課までひらがな・漢字交じりの文章で構成されている。1913、14 年に台湾総督府から発行された公学校用『国民読本』では、カタカナ表記は全 12 巻中、巻五の第 1 課の課末に単語として初めて掲載されている。その後、巻五の課を経るごとにひらがなの分量が増え、第 5 課の課末にひらがなの五十音と濁音、半濁音の一覧が載せられている。それ以降、ひらがなで表記された本文がいくつか登場し、巻五を通じてカタカナの課とひらがなの課が混在する形になっており、巻末にはひらがなの「いろは」が記されている。巻五はおおよそ 3 年生程度を対象としていると考えられるが、その後、巻十二までカタカナ表記の課とひらがな表記の課の両方が混在している。『国民読本』が巻五を境にカタカナとひらがなが混在し、最終巻までこの二つの表記が混在しているのに対し、『国語捷径』は、全課中のおおよそ半分を過ぎた第 25 課でひらがなが導入され、その後の仮名表記は全てひらがなに統一されている。「国語練習会」や「国語夜学会」といった社会教育の生徒の年齢は公学校に比べると高く、そうした学習者に対し本書が速成を目的としていることが表われている。

　また、仮名遣いは歴史的仮名遣いが用いられている。例えば、今日

（ケフ）（17課）、願ひます（26課）、かひもなく（36課）など歴史的仮名遣いで表記されている。中には、同一の課の中に「サヤウナラ　サヨナラ」（11課）と異なる言い方の文が並列で記されているものもあるが、全課を通じて歴史的仮名遣いが使用されている。これは『国民読本』とおおむね同様である。

　そのほか、単語や意味の切れ目に読点「、」を打つことで、文法構造が理解しやすく工夫されている。例えば、「海ハ、ドッチノ方ニ、在リマスカ。」（5課）「此ノ池ニ、鯉ト金魚ガ、皆デ、何尾居マスカ。」（7課）のように、読点が使用されている。一方、『国民読本』では、各単語や品詞の切れ目に一スペースが置かれている。例えば、「アナタ　ノ　名　ハ　ナン　ト　イヒマス　カ。」（『国民読本』巻二4課）のように、読点を使用せず、スペースを利用することでより細かく品詞を分けて提示されている。

日本語会話教材としての性格

　凡例でも記されたとおり、本書は全編総振り仮名付き、閩南語訳付きの対話形式の会話教材である。多くの課末に多数の単語が掲載されており、基本文型に基づいて代入練習ができるように工夫されている。同時期の公学校用『国民読本』は、必ずしも会話文のみで構成されているわけではなく、課末語彙集や訳語が付されていない点と比較すると、本書が会話教材であるという性質が際立つ。そして、対話形式で日常の社会生活の様々な場面でのやりとりを学習させることで、実用的な日本語を習得させることが意図されている。本書は、母語話者に対する国語教材ではなく、外国語としての日本語会話教材の性格が強い。

3-2-3.『新国語教本』（1933）（1939）との比較

　1910年代・20年代に台湾社会で始動しはじめた国語普及は、1930年代に入ると、全島統一的な国語普及施設「国語講習所」として総督府が定める教育施設に位置づけられ、その後日本統治末期までに日本語が台湾社会に普及していく上で主要な役割を果たした。台湾教育会により「国語講習所」用に編纂された教科書『新国語教本』は1933年に全三巻及びその指導書が発行され、1939年に巻一、巻二の改訂版及びその指導書が

発行された。これらは、出版された当時の社会や国際情勢を色濃く反映
している部分もあり、総督府の国語普及政策が教科書に表れていると考
えられる。一方、『国語捷径』(1915) は、各地で普及し始めた「国語練
習会」等の国語普及施設用の教科書として編纂されたもので、全島統一
的な国語普及施設が設置される前の一時期に出版されたものである。そ
のため、教科書を通じてどのような知識を習得させたいか、どのような
国民を養成したいかといった政策的な意図より、語学教材としての性格
が強い。全編が会話形式からなり、逐次単語を代入する練習に則った速
成をめざした語学教本である。こうした点は公学校の『国語読本』とは
大きな相違をなす。『新国語教本』が公学校の国語読本と形式上似通って
おり、いくつかの課は公学校のみならず、内地の小学校や朝鮮の普通学
校の『国語読本』と共通する内容であることは、改めて 1930 年代に大々
的に設置された「国語講習所」が初等教育を補完する役割を担っていた
ことを表していよう [28]。

3-3. 『国語捷径』使用の事例

　本項では、台北州海山郡鶯歌庄の役場資料から『国語捷径』使用の事
例を検討する。表 3 は、1926 年、鶯歌庄において実施された国語普及の
実施状況を表したものである。この時期、台湾社会では社会教化団体を
利用し国語普及が図られたが、社会教化団体である同風会の青年会・処
女会が「国語練習会」や公学校卒業者を対象とした「補習夜学会」、地域
によっては女性用の「裁縫講習会」を開催していた。「国語練習会」では
国語と、ところによっては漢文が教授されている。国語の教材は公学校
用『国民読本』巻一、二、三及び『国語捷径』が使用されている。『国民
読本』の巻一、二、三は、全てがカタカナと簡易な漢字で表記されてお
り、初歩の語学教材として使用されていたことが分かる。漢文は日常書
簡文、指南尺読、四書とされている。一方、「補習夜学会」では、国語は
『夜学読本』『公民読本』、漢文は四書、指南尺読にところによって古文、
朱子家訓や日常書簡文が加えられている。この時期の国語普及施設では
日本語と漢文との双方が教えられていたこと、ところによっては女性を
対象とした裁縫講習会も催されていたことが分かる。『国語捷径』が閩南
語訳の付された教本であったことは、社会教育の現場で日本語と閩南語

表3　1926年鶯歌庄社会教育団体主催国語普及施設の教科および教材

主催団体	会名	教科	教材
鶯歌庄同風会 樹林青年会	補習夜学会	国語 漢文	別冊夜学読本ノ通リ 四書、古文、朱子家訓、指南尺読"
鶯歌庄同風会 柑園青年会"	補習夜学会	国語 漢文	公民読本 日常書簡文、指南尺読、四書"
鶯歌庄同風会 柑園青年会	国語練習会	国語 漢文	公学校用国民読本巻一、二、三、及国語捷径 日常書簡文、指南尺読、四書"
鶯歌庄同風会 柑園青年会	国語練習会	国語 漢文	公学校用国民読本巻一、二、三、及国語捷径 日常書簡文、指南尺読、四書
鶯歌庄同風会 柑園処女会	国語練習会 裁縫講習会	国語 裁縫	公学校卒業者ニハ公民読本、普通会員ニハ国 語捷径ヨリ携帯 主トシテ子供運動服
鶯歌庄同風会 大湖青年会	国語練習会	国語	国語捷径第一課ヨリ第十三課迄
鶯歌庄同風会 大湖処女会	国語練習会	国語	国語捷径第一課ヨリ第十三課迄

出典:鶯歌庄役場『学事ニ関スル書類綴』1926年度、文書番号0101070040020より作成(藤森(2021)より再録)。

の双方が教えられていたことと密接に関連していよう。

　このように、地方の社会教育では社会教化団体が主催する「国語練習会」において『国語捷径』が使用されており、ところによっては公学校用国語読本を併用したり、公学校卒業生には『公民読本』、普通会員には『国語捷径』が使用されたりしていたことが分かる。一方、鶯歌庄同風会大湖青年会及び処女会の「国語練習会」は、『国語捷径』の第1課から第13課までを教材としており、当該書を主たる教材としていた。これらの事例から、1920年代の社会教育では、ところによっては公学校用国語読本と併用しながら、『国語捷径』が教本として使用されていたことが分かる。当該書がいつまで使用されたかは確実には把握できないが、1928年柑園青年会による国語練習会での使用が確認できる[29]。1915年の出版から13年経過してなお使用されていたことになる。

4.　おわりに

　本稿は、1910年代、20年代の台湾社会における国語普及の状況を概観し、1915年に台湾教育会から国語普及施設用に発行された教本『国語捷径』を

検討した。『国語捷径』は、対話文とその閩南語訳、課によっては課末に載せられた語彙集から構成される語学教材であり、全 46 課からなる。

　その序文と凡例からは、本書が各地の国語普及施設の教材として編纂されたこと、実用、速成を重視し、日常喫緊の国語を習得させることを目的としていること等が明らかにされている。内容は、おおまかに語学教材、日常事物、実学知識・社会知識の三つに分類されるが、その配置は、教本の始めの部分に語学教材や基礎的な算術、方角や時間概念、尺度などの単純な実学知識が配されている。単純に日常の事物を示した内容もまた、前半の方に配置されている。そして、課が進むに連れてより複雑な実学知識や社会知識が加えられていく構成になっている。例えば、台湾の地理や産物といった郷土の知識を扱ったものや、電話、郵便、汽車、汽船などの近代技術に関する内容が教本の中盤、終盤に配置されている。そして、同様に中盤から終盤にかけて配置され、教本の中で最も多くを占めるのは社会知識である。実際の売買のやりとりや、社会の様々な場面で使われる勧誘、謝意、断りの伝え方、依頼の仕方や社交的挨拶や実質的なやりとりといった社会知識が扱われている。本書は社会教育の対象者に向けた教本であるため、内容に社会知識が多く含まれており、商売の場面やすでに働いている人々が社会の様々な場面で使用する日本語表現が主とされている。

　表記は、カタカナ表記で始まり、全課中のおおよそ半分を過ぎたところでひらがなが導入され、その後の仮名表記はすべてひらがなに統一されている。同時期公学校の国語読本が同じくカタカナで始まりながら中途からひらがなの課が混在し、最終巻までその二つの表記が混在するのとは相違をなす。これは、社会教育の生徒の年齢が比較的高く、そうした学習者に対し本書が速成を目的としているからであろう。また、歴史的仮名遣いを使用している、単語や意味の切れ目に読点「、」を使用しているといった特徴も挙げられる。

　本書は全編総振り仮名付き、閩南語訳付きの対話形式の会話教材であり、多くの課末に多数の単語が掲載されており、代入練習ができるように工夫されている。対話形式で日常の社会生活の様々な場面でのやりとりを学習することで実用的な日本語を習得させることが意図されているため、母語話者に対する国語教材ではなく、外国語としての日本語会話

教材の性格が強い。また、1920 年代の台北州海山郡鷲歌庄の社会教育団体が主催する複数の国語普及施設において、『国語捷径』が国語科の教材として使用されている。

　『国語捷径』は 1910 年代、20 年代台湾の国語普及施設向けに編纂された教本であり、公学校と比較して年齢が高い国語普及施設の学習者に対して、実践的で速成を目指した会話教材として提供された。1930 年代に入り、総督府により全島に設置された「国語講習所」の教本『新国語教本』が国語教育を通じてどのような国民を涵養したいかといった総督府の政策的意図がみられるのに対し、本書は、一部に日本統治下台湾社会の重層的な支配構造が窺える課もあるが、全体的に語学の会話教材という性質が強い。当時、社会で急増していた国語学習者に対し、その需要に応えるべく編纂された教本であったといえよう。

　本稿は科学研究費補助金（基盤研究（C）課題番号：18K00721）の研究成果の一部である。また、玉川大学教育博物館から資料提供を受けた。記して感謝申し上げる。

【註】

1　本稿では当時の使い方に則して「国語」を日本語の意味で使用する。今後、煩雑さを避けるため「」を付けない。
2　臨時台湾戸口調査部『明治 38 年臨時台湾戸口調査結果表』1908 年、台湾総督官房臨時戸口調査部『大正 4 年第二次臨時台湾戸口調査結果表』1918 年、台湾総督官房臨時国勢調査部『大正 9 年第一回台湾国勢調査結果表』1924 年、台湾総督官房臨時国勢調査部『昭和 5 年国勢調査結果表全島編』1934 年、『外地国勢調査報告　第五輯：台湾総督府国勢調査報告』第 9 冊 342-347 頁、第 22 冊 388-389 頁、第 32 冊 410-411 頁、第 48 冊 126-163 頁、文生書院、2000 年。
3　社会教育としての国語普及運動の展開に関しては、藤森（2016）38-53 頁を参照。
4　呉文星『日据時期台湾社会領導階層之研究』正中書局、1992 年、323-324 頁。
5　宋登才『国語講習所教育の実際』光昭会出版部、1936 年、16-17 頁。
6　同前書、17 頁。
7　山根勇蔵「国語普及に関する施設」『台湾教育』第 214 号、1920 年 3 月 1 日、5-8 頁、「国語普及に関する施設調査」（二）『台湾教育』第 215 号、1920 年 4 月 1 日、12-15 頁。
8　山根、同前論文。
9　同「国語普及に関する施設」『台湾教育』第 214 号、1920 年 3 月 1 日、6 頁、「国語普及に関する施設調査」（三）『台湾教育』第 216 号、1920 年 5 月 1 日、

6-9 頁。

10　呉、前掲書、327 頁。

11　台湾教育会編『台湾教育沿革誌』、409-410 頁。

12　鄭梅淑『日据時期台湾公学校之研究』東海大学歴史研究所修士論文、1988 年、136 頁。

13　中越栄二『台湾の社会教育』「台湾の社会教育」刊行所、1936 年、91-92 頁。

14　呉文星「日据時期台湾総督府推広日語運動初探」（上）『台湾風物』第 37 巻第 1 期、1987 年、19 頁。

15　前掲、『台湾教育沿革誌』、120-127 頁。

16　呉、前掲論文、19-20 頁。

17　台湾総督府『台湾総督府文官職員録（明治 43 年 7 月）』台湾日日新報社、1910 年、107 頁。「国語会話新書□行」（漢文欄）『台湾日日新報』第 3592 号、1910 年 4 月 20 日、5 版。「台湾童話出版」（漢文欄）『台湾日日新報』第 5358 号、1915 年 5 月 21 日、6 版。

18　台湾総督府『台湾総督府文官職員録（1915 年）』台湾日日新報社、1915 年、114 頁。台湾新民報社調査部編『台湾人士鑑』台湾新民報社、1934 年、202 頁。

19　林進発『台湾人物評』、赤陽社、1929 年、115 頁。なお、宇井と劉の台湾総督府国語学校における経歴は、謝明如『日治時期台湾総督府国語学校之研究（1896 - 1919）』（台湾師範大学歴史学系修士論文、2006 年）103 - 104 頁を参考にした。

20　「国語夜学会と女教員講習」『台湾教育』第 161 号、1915 年 10 月 1 日、1-2 頁。

21　洪権「国語夜学研究会に就て」『語苑』第 13 巻第 9 期、1920 年 9 月 15 日、30-34 頁。

22　蔡士添「就国語夜学会而言」『台湾教育』第 182 号、1917 年 8 月 1 日、8 頁。

23　戴良「就国語夜学会而言」『台湾教育』第 202 号、1919 年 3 月 1 日、2-3 頁。

24　「国語捷径好況　再版発行と注意」『台湾日日新報』第 5550 号、1915 年 12 月 8 日、7 版。

25　「「国語捷径」の好況」『台湾日日新報』第 5583 号、1916 年 1 月 12 日、2 版。

26　呉宏明『日本統治下台湾の教育認識―書房・公学校を中心に』春風社、2016 年、280 頁。

27　「台北通信」『台湾教育』第 266 号、1924 年 8 月、巻末『国語捷径』広告。

28　「国語講習所」用教科書『新国語教本』に関しては、拙著 (2016) 第 4 章を参照。

29　鶯歌庄同風会編「昭和三年　同風会に関する書類綴」「昭和三年五月五日柑園青年会　国語練習会開催報告」『台北州档案』（文書番号 0100130610205）。

【参考文献】

呉宏明（2016）『日本統治下台湾の教育認識―書房・公学校を中心に』春風社

宋登才（1936）『国語講習所教育の実際』光昭会出版部

台湾教育会編（1939）『台湾教育沿革誌』（復刻版（1982）青土社）

玉置充子（2021）「日本統治期の台湾の「国語」普及と教化団体―1920 年代の台北州鶯歌庄を例として」『拓殖大学日本語教育研究』6

中越栄二（1936）『台湾の社会教育』「台湾の社会教育」刊行所

藤森智子（2011）「日本統治下台湾の「国語講習所」における日本語教育 - 新竹州「関西庄国語講習所」の教案・日誌（1937）から -」『日本語教育史論考第二輯』刊行委員会編『日本語教育史論考第二輯』冬至書房

—（2016）『日本統治下台湾の「国語」普及運動—国語講習所の成立とその影響』慶應義塾大学出版会

—（2017）「日本統治下台湾の「国語講習所」（1930-45）の講師に関する一考察—講師の履歴を中心に」慶應義塾大学法学部『法学研究』90（1）

—（2018）「日中戦争期台湾における日本語普及 - 戦時下の社会教化を中心に -」新世紀人文学研究会『新世紀人文学論究』2

—（2020）「日中戦争期台湾の社会教育 - 国防献金運動の報道を例に -」日本植民地教育史研究会『植民地教育史研究年報』21

—（2021）「1920 年代台湾における「国語普及」- 台北州海山郡鶯歌庄の「国語練習会」を例として」新世紀人文学研究会『新世紀人文学論究』4

「満洲国」初等学校の日本語教科書に描かれた日本人像

王詩淇 *

1. はじめに

　1932年3月、日本は「満洲国」を成立させた後、「満洲国」における統治を強めるため、「同化政策」[1]を推進した。日本語教育は「同化政策」の一環として位置づけられ、特に国家意識や民族意識の形成期にあった初等学校の児童は、「同化教育」において最も重要な対象とされていた。日本語教科書は「満洲国」の日本語教育において重要な教材であり、日本はその編集に力点を置いた。日本語教科書を概観すると、日本人に関する内容が散在している。「満洲国」の児童にとって、教科書は日本人を認識するための重要な「窓口」だったと言える。見方を変えれば、日本は「満洲国」の日本語教科書を通して、いわゆる「外地」の児童に一定の日本人像を伝えようとする意図があったと推測できよう。「満洲国」の日本語教科書の内容からは如何なる教育的意図が読み取れるか、また、それを通していわゆる「外地」の児童にどのような日本人像を伝えようとしたのか。さらに、それらの内容は「同化教育」において如何なる役割を果たしたのか。

　こうした疑問に対して先行研究では、植民地の教科書研究の立場から、「国民精神の涵養」という視点で、教材分析を行った磯田[2]と竹中[3]が挙げられる。磯田は「満洲国」初級小学校用の日本語教科書にイデオロギー的な教材がほとんどないとし、高級小学校用には「日本の国家主義ないし軍国主義になじませようとする教材を大量に含んでいる」と指摘し、教材採用におけるイデオロギーの影響を示唆した。竹中は教科書の編纂過程を検討した上で、「満洲国」と他の植民地の教材との採用関係や採用

＊九州大学大学院地球社会統合科学府　博士後期課程

比率を明らかにした。これらの研究は、教材目録を作成し、教材採用の側面から、「満洲国」初等学校の日本語教科書の特徴に触れたが、教科書の内容については詳しく検討されていない。また、磯田と竹中の視点と異なり、伊月[4]は、日本語教育方法の研究という立場から、「満洲国」文教部の日本語教科書を扱い、日本と日本人に関する教材から複数例をあげて分析し、それらの教材が児童の日本・日本人観を形成する要因の一つになったと述べた。だが、教科書の全巻を通した分析はなされておらず、その全体像をつかみにくいことが挙げられるのではないか。このように従来の日本語教科書に関する研究は、管見の限り「満洲国」の歴史全体を通して、それぞれの時期に使われる教科書及びその特徴に注目するものが多く見られる。しかし、教科書自体の内容に踏み込み、そこに見られる日本人像に関する研究は少なく、さらなる研究の余地があろう。そこで本論では以上の問題意識の下、次のような課題を設定する。第1に初等学校の日本語教科書に見られる日本人像に注目し、それを通して、日本が「同化教育」を実施する際、「満洲国」初等学校の日本語教科書が果たした役割の一側面を明らかにする。第2として、「満洲国」初等学校で使われた日本語教科書に描かれた日本人像から、日本のどのような教育的意図が読み取れるかを時代的な文脈も参照しながら探究する。

　以下の本論は三つの部分から成る。一つは、本論全体の歴史的背景として、「満洲国」の日本語教育に関する政策と各時期の特徴、教科書編集機関の沿革及び初等学校の日本語教科書の変遷を概観する。二つめは本論の中心内容であり、「満洲国」初等学校で使われた日本語教科書に描かれた日本人像に関する内容を「神話・物語の人物」、「歴史人物」、「軍人」、「一般人」、「「満洲国」「民族協和」の中の日本人」の五つに分類して、それぞれの特徴を探究し、日本の教育的意図を分析する。最後に教科書全体を通して日本人像の特徴と役割について考察する。

2. 「満洲国」初等学校の日本語教科書の沿革

　日本占領期、「満洲国」において使われる日本語教科書は、編集機関または時代により、様々な特徴を呈しており、複雑な状態であった。本章

は、「満洲国」日本語教育に関する政策、教科書編集機関の沿革及び初級
日本語教科書の変遷をまとめた上で、それぞれの特徴を確認する。

（1）「満洲国」日本語教育に関する政策と各時期の特徴

　「満洲国」の建国当初、教育制度は未整備の状態だった。1936 年 1 月、
「満洲国」文教部により「小学校教科規程に関する件」が公布され、「日
本語を初級小学校 1 年から教授すべき」と規定された。この時期の日本
語は単独科目として学校で教授され、授業の総時間数を占める比率はま
だ低かった。それに対して、「国語」という科目はもっぱら漢語を指し、
週総授業時間数が最も多かった[5]。「国語」の教学目標に鑑みれば、学
校教育に、日本語より漢語が重視されたことが明らかだろう。そこから、
当時日本語は「満洲国」初級小学校のカリキュラムに導入されたものの、
外国語として教授され、「国語」と位置づけられた漢語の地位とは異なっ
ていたことがわかる。

　1937 年に「学制要綱」、「学校令」、「学校規程」等の法規が公布され、
1938 年から新学制が実施された。その「学制要綱」の「三、学制立案上
の要点」の六では、「日本語ハ日満一徳一心ノ精神ニ基キ国語ノ一トシ
テ重視ス」と規定され、日本語は「満洲国」の「国語」の一つまで引き
上げられた。これにより、日本語は「満洲国」において、もはや「外国
語」ではなく、「国語」の一つとして数えられ、「国語」の中でも最も重
視すべきものになった。野村章はこの時期の日本語教育について、「他の
諸規程をあわせてみると、国語としての扱いをされたのは日本語、中国
語（当時、中国人、中国語という表現は禁句であり、満語とよばれた）、
モンゴル語の三種であり、そのうちモンゴル語は特定地域に限って例外
的に認められたものであるから、実際には日・中の二カ国語が主で、日
本語は最重要の共通語とされていた」[6]と指摘した。

　上述のように、1937 年「学制要綱」の公布より、日本語は学校教育に
おいて「外国語」から「国語」の地位にまで引き上げられ、「満洲国」
で日本語教育を実施するため、日本は教科書の編集に力点をおいていた。
日本語教科書を考察する際、教科書編集機関と日本語教科書のつながり
は注目すべき点であり、次にその改組の実態を考察する。

（2）教科書編集機関の沿革

　「建国当初、「満洲国」政府組織における文教行政部門としては民政部に文教司がおかれた」[7]。1932 年 7 月、文教司は独立して文教部に昇格し、文教部大臣に直属する教科書編審委員会も設けられた。教科書編審委員会は教科書の編集機関であり、同委員会の定めた方針に従って、編審官が直接編集に当り、まず初級中学校、続いて初級、高級小学校の各教科書を編集し、1934 年（康徳元年）9 月の新学期から、全国一斉に使用される事になった[8]。

　1937 年 5 月、「満洲国」は行政機関を改組し、文教部を廃止し、民生部の中に教育司を設置した。教育司に編審官と督学官の 2 室が置かれ、編審官が教科書の編集を担当した。1943 年、戦時体制に応じて、「政府は三七年の政府組織改編で民生部教育司となっていた文教部門をふたたび文教部として復活独立させた」[9]。文教部は学務、教学、教化という 3 司から成り、教学司に属する編審科が教科書の編集を担当した。

　つまり、「満洲国」建国後から、行政体制は何回も改組されたものの、教科書編集機関と編審官の職位は長期にわたり設置され、教科書の編集を担っていた。加えて、各時期の教科書編集機関において、中国人官吏数の比率は日本人官吏数より高かったが、実権を握ったのは日本人の高級官吏であった。また、日本は「満洲国」の教科書の編集を重視したものの、「次長中心制」[10] に基づき、実権を掌握したのは、やはり日本人の次官や次長であった。

（3）初等学校日本語教科書の変遷

　「満洲国」で使われた日本語教科書の全体的な特徴の一つは、「満洲国」建国以前の教科書、つまり関東庁、満鉄の教科書などから題材を採用している点であり、それらの先行した教科書は少なからず影響を及ぼしていたと言える。

　1916 年満鉄附属地教育研究会は『公学堂日本語読本』（共 8 巻）を編纂し、その後、奉天外国語学校『日本語読本』（共 8 巻）に改名した。1922 年関東庁は独自の日本語教科書を編纂しはじめ、関東庁教科書編纂委員会編『日本語読本』（共 7 巻）を発行した。1921 年、満鉄と関東庁は教科書を共同編集することを決め、南満洲教育会教科書編輯部を成立させ

た。その後、南満洲教育会教科書編輯部は 1924-1927 年に『初等日本語
読本』（共 8 巻）を発行し、1931-1933 年に普通学堂用『第二種　初等日
本語読本』（共 4 巻）を発行した。1937 年、南満洲教育会は在満日本教
育会に改組され、『第二種　初等日本語読本』（共 4 巻）も在満日本教育
会教科書編輯部『初等日本語読本』と改訂された[11]。

　「満洲国」が成立した直後、その過渡期において、主に南満洲教育会教
科書編輯部の編集した教科書を使用していた。その後、「満洲国」は独自
の教科書を編集し始めた。「満洲国」文教部は 1934 年に『初級小学校日
本語教科書』（上冊、下冊）を発行し、1935 年に『高級小学校日本語教
科書』（上冊、下冊）を発行した。そして、1935 年に『初級小学校日本
語教科書上冊教授書』を発行し、1937 年には『初級小学校日本語教科書
下冊教授書』、『高級小学校日本語教科書上冊教授書』、『高級小学校日本
語教科書下冊教授書』を発行した。

　1937 年 5 月、「満洲国」文教部が取り除かれ、民生部の中に教育司を
設置した。その後「満洲国」の日本語教科書は民生部により編集される
ようになった。1938 年から 1939 年にかけて、民生部は『国民学校日語
国民読本』（共 8 巻、このうち現存巻は巻一 - 巻四）と『国民優級学校日
語国民読本』を発行した。『国民優級学校日語国民読本』は前述した「満
洲国」文教部『高級小学校日本語教科書』（上冊、下冊）の内容と同じで、
表紙を変えただけで転用されたものである。

　新学制施行後の『国民学校日語国民読本』の特徴は、松尾茂が指摘し
たように、「國民科の統合教科書としての要素を具備するやうに編纂され
た教科書」であり、「日本語を覺えさせて、日本語によつて満洲國の國民
としての錬成を施す」のが「使命」であった[12]。

3．日本語教科書に描かれた日本人像

　「満洲国」初等学校で使われた日本語教科書の中には、「日本人」に関す
る内容が散在している。それらの内容は「満洲国」の児童にとって、日
本人を認識するための重要な「窓口」だったと言える。本章では 8 冊の
日本語教科書[13]に描かれた日本人像に注目していきたい。その考察の際、
日本人像を「神話・物語の人物」、「歴史人物」、「軍人」、「一般人」、「「満

洲国」「民族協和」の中の日本人」の五つに分類し、それぞれの特徴を探究し、そこから日本側にどのような教育的意図があったのかを考えてみたい。

（1）神話・物語の人物

　「教材に何を選ぶべきか」について、『日本語』の「諸家葉書回答」で、次のように回答した者がいる。

　特に彼等が異常に知りたいと希望するのは、わが國體に關する事、日本精神、日本神話に關する事で、さういふ話をする時は、文字通り眼を光らせながら聞いてゐます。日本がなぜ強くなつたか、日本人がなぜ優れてゐるのかを究明して秘かに自分たちに比較してゐるのでせう [14]。

　日本の教育者は「外地」の教科書に日本神話に関する教材を取り入れ、それを通して、児童に日本文化と日本の優越性を理解させる意図が窺われる。「満洲国」の日本語教科書にも日本神話・物語の人物が教材として取り入れられ、児童に孝行、勧善懲悪及び日本の祖先崇拝などのあり方を伝えた。8冊の日本語教科書の内容を概観すると、日本神話・物語の人物が出てくる教材は併せて6篇である。それは、「満洲国」文教部『高級小学校日本語教科書』上冊と下冊だけに見られ、新学制後の教科書、つまり、「満洲国」民生部『国民学校日語国民読本』には見られない。
　『高級小学校日本語教科書』上冊の第二十五「養老の瀧」は孝行な男が山で酒の泉を発見したという伝説であり、孝行の徳行を説明するものである。教授書の教授要旨の部分には「支那の二十四孝の傳説に似通つたものがあるので學生に親しみも深いし、理解も早い筈である」 [15] との記述がある。下冊の第三「花咲爺」は、正直者の爺が拾った子犬の力で宝物を得たり、枯れ木に花を咲かせたりして富み栄えるという話である。「因果応報、勧善懲悪」という思想を教える内容である。同じく下冊の第八「浦島太郎」は、主人公浦島太郎が亀を助けた果報によって龍宮に案内された事、及び遊惰に耽った報いで老人になってしまった事に関する内容であり、「動物愛護と遊惰の戒め」 [16] を児童に伝えるものである。教授書には「桃源の傳説に似通つた點もあつて學生に親しまれる材料で

ある。」と述べられており、「話全體を一貫してゐるものは現實否定の思想であつて、支那文化と共に輸入された時代思想が入つてゐる。この點で桃源の傳説に於ける思想と類似のものが多分に見出されるのである」[17]との記述がある。前述した3課以外に、『高級小学校日本語教科書』上冊において連続している3課、つまり第三十七「天の岩屋」、第三十八「おろち退治」及び第三十九「日本のはじまり」はいずれも出典は『古事記』であり、内容も全て天照大神、日本皇室の先祖に関わるものである。

　日本語教科書における「日本神話・物語の人物」に関する内容は2種類に分けられる。

　第1種は中国の伝統的な思想に似通ったものである。「養老の瀧」の内容は中国二十四孝の伝説と似通った所があり、それが伝えた「孝行」も中国儒家思想における「六行」[18]の内容である。「花咲爺」が伝える「勧善懲悪」は中国の古典「左傳」から出典したものであり、「浦島太郎」も中国の桃源の伝説が伝える思想と類似している。

　第2種は日本皇室の先祖及び日本の創世に関わる内容である。上冊の三十七課から三十九課までのテキストは全て天照大神と日本皇室の先祖に関わる内容であり、特に第三十九「日本のはじまり」が「百二十頁の天照大神の詔は神勅と言つて、日本の皇室中心の國體はこれに始まつてゐる」[19]と記述しており、結局は「日本の祖先崇拝、祭政一致の事實を知らしむべきである」[20]という主張に至っている。教材は、皇位のしるしとしての三種の神器、すなわち鏡、剣、玉にも言及している。

　「満洲国」皇帝の溥儀は1940年5月に2回目の訪日をした時、「日本の天照大神を迎えて奉祀することを希望する」と述べ、「神鏡」を「神体」として持ち帰った。その後、「神鏡」を祀る神社を建国神廟と名づけた。天照大神を「満洲国」の「建国元神」として祭ることについて、日本側は「天照大神子孫の一部が「大東神族」となり、中国東北へ来る。ですから、満洲国民も天照大神の後代である」[21]と解釈した。

　日本の「祖先崇拝」については、次のような論述がある。「日本帝国以外ノ君臣ノ関係ハ権力関係ヨリ生スル服従ニ過ギザルガ如キモ日本民族ノ天皇ニ對スル関係ハ此服従ニ加フルニ祖先崇拝ヨリ淵源セル敬愛ノ至情ヲ以テス」[22]とある。つまり、天皇に対する敬愛は「祖先崇拝」から生まれたものであり、日本語教科書に天照大神に関する神話を取り入れ、

「満洲国」の児童に日本人の祖先崇拝と「満洲国」の「國本惟神ノ道ニ 奠リ」[23] を伝え、さらに、天皇崇拝の思想も培った。そこには、天照大 神や日本国の子孫としてのアイデンティティーを知らせ、育成しようと する意図が窺われる。

（2）歴史人物

　「満洲国」初等学校の日本語教科書を概観すると、日本歴史人物に関す る内容は、ほぼ「満洲国」文教部『高級小学校日本語教科書』上冊と下 冊に集中していることが分かる。

　例えば、上冊の第二十「熱心」である。塙保己一[24] の幼少期の話であ り、目が不自由な塙保己一の熱心な勉強ぶりを紹介している。この教材 を学ぶ同年齢の児童に深い印象を与えるため、塙保己一の年齢も明示さ れている。

　また、第二十六「聖徳太子」は聖徳太子の実績を紹介する教材である。 十七條憲法の制定や灌漑など民の便を図ったことが紹介された。しかし、 聖徳太子の事績でより重点的に描かれたのは、中国から僧を招き、学問 を広めたこと、日本初の遣外使臣（遣隋使）派遣など中国との往来に関 わることだった。教授書の教授要旨の該当箇所にも、「本課は聖徳太子 の御事蹟を略述して日本歴史の知識を授け、併せて日本が昔から漢民族 と親しく往来してゐた事を知らしめて認識を深くせしめるのが目的であ る」[25] と書かれてあるように、本課の目的は、聖徳太子の事蹟などの歴 史常識より、日本と中国の往来を児童に伝えようとしたのである。言う なれば、「満洲国」の「建国精神」、「日満親善」をそれとなく知らせてい ると考えられる。

　それ以外に、ほぼ同時期に編纂された日本第五期国定国語教科書の中 の『初等科国語　二』に収録された教材「十　聖徳太子」も、聖徳太子 の物語を内容とするものである。だが、日本内地で使われた国定教科書 に収録されたのは、聖徳太子の幼少時の逸話である。教材の最後に「こ れは、聖徳太子が、四歳の御時のことであったと申します」[26] とある。つ まり、同じ人物を扱いながら、内地の教材は主に聖徳太子に関する広く 知られた逸話を教えた。それに対して、「満洲国」の教材は聖徳太子の事 蹟を通して、日本と中国の往来の内容に重点を置いた。この対比からも

日本の「満洲国」における教育的意図を読みとることが出来よう。

　二十六課に次ぎ、第二十七「ミカン」は、田道間守なる人物の逸話である。田道間守は、天皇の命により、ミカンを南の国から持ち帰ったものの、帰国時に天皇は既に亡くなっていたため、彼はミカンをその陵墓に献じ、自害したという内容である。つまり、本課の目的は、天皇への忠節を説くことだった。「忠」を主題にする教材として、下冊の第三十一「忠義」も挙げられ、戦国時代の武将、豊臣秀吉の事蹟に基づく。内容は二つの部分に分けられ、第1の部分は豊臣秀吉が主君の織田信長に忠実であったこと、第2の部分は時の天皇への忠義の心が極めて厚かったことが述べられている。教材は、豊臣秀吉が天皇及び主君に忠節を尽くした事が述べられ、「學生に忠義の観念を與え」[27]ものである。

　同じく「忠」の思想を伝える教材として、同冊の第十七「岳飛」も言及すべきである。「満洲国」初等学校の日本語教科書を概観してみれば、中国の歴史人物を内容とする教材は「岳飛」しかなく、「簡単な傳記を掲げて忠君愛國の念を喚起せしめるのが目的」[28]とされる。

　前述したように、児童に「忠義」の観念を伝えるため、日本語教科書には、日本の歴史人物以外に、中国の歴史人物の伝記も収録された。日本語教科書に収録すべきの教材について、「原則として、小學校・中學校・大學校にしても、その教材は、中國人として持つてゐる知識でこなせるものを選ばねばならないと思ひます」[29]という北支座談会での発言が見られ、岳飛は中国人の児童には、親しまれやすい人物である。岳飛の伝記なら、「忠君愛国」の思想は児童により浸透させやすいと考えたのだろう。さらに、中国の伝統的な「忠孝」思想を利用して、日本天皇と「満洲国」に「忠」を尽くさせようという意図も窺われる。

　一方、同冊の第二十七「野口英世」は、その略伝であり、教材には、貧家に生まれた野口英世が小学校の時から様々な困難を乗り越え、懸命に努力したことが紹介されている。教授書の「教授要旨」の部分に、「貧家に生れ、苦學して、世界的に名をなした野口英世博士の略傳を掲げ、學生を發憤せしめるのが目的である」[30]と本課の目的が書かれてある。

　以上述べた教材以外に、「満洲国」文教部『高級小学校日本語教科書』下冊と満洲国民生部『国民学校日語国民読本』巻四が収録した教材に、明治天皇の聖徳を唱える内容も多いのである。

　前述した分析に基づき、日本語教科書に見られる「歴史人物」に関する内容の特徴が以下のようにまとめられる。

　①歴史人物の勤勉や忠義などの美徳を強調し、そうした美徳を有する日本人の生き方と思想を学ばせるという目的が窺える。

　②人物逸話などの歴史常識より、イデオロギー内容の教授に重点を置いている。特に「忠良なる国民の育成」の教育方針に応える「忠君愛国」という思想を伝えることに重点があった。

（3）軍人

　本論が取り上げる 8 冊の日本語教科書において、「日本軍人」に関する教材は 3 篇しかない。その中の 2 篇は、「満洲国」文教部『高級小学校日本語教科書』上冊に収録され、他の 1 篇は「満洲国」民生部『国民学校日語国民読本』巻四に収録されている。

　「満洲国」文教部『高級小学校日本語教科書』上冊の第十二「タンクトソオコオレッシャ」は、タンク（戦車）と装甲列車の構造及び機能などを紹介した上で、日本軍の戦車と装甲列車が満洲事変と上海事変の時、めざましい働きをしたことを強調している。教授書の教授要旨の該当箇所には、「満洲事變の正しい認識、日本軍に對する感謝と信頼の念を喚起せしむべき課である」[31] と書かれている。日本は児童に満洲事変の「正しい認識」を喚起するため、教材解説の該当箇所には、「日清、日露両役を經て日本が滿蒙に獲得した各種の權益に對して南京政府及び東北軍閥はこの特殊地位たる日本の生命線を根底から覆さんと策動を續け、日本軍人を殺害し、鐵道の事業を妨害する等の暴擧に對し、兵を以てこれらの害を除き、滿洲國の出現の土臺を作つた」[32] とある。

　それ以外にも、戦車と装甲列車の紹介を通して、世界最強の兵器を備えた日本軍の軍事力を児童に伝え、「日本軍に對する感謝と信頼の念を喚起」しようとした。本課を承け、第十三「軍用のどおぶつ」も軍事と軍人に関する内容を紹介している。教材の冒頭に「満洲事變　の　時　にわ、勇ましい　日本　の　へいたいさん　が、めざましい　働き　おしました」[33] と書かれている。次の内容に、軍馬、軍用犬、伝書鳩など軍用の動物が満洲事変の時、「勇ましい兵隊さん」と同じように、数々の手柄を立てたことが紹介されている。

　教材の内容について、教授書の教材解説の部分に、「本課は冒頭に満洲事變を出して學生の印象を深からしめ、軍馬、軍用犬、傳書鳩について概略を述べ、戰功によつては軍人と同等の待遇を受けてゐる事を知らしめてゐる」[34]との記述がある。また、この内容を教える際、満洲事変で戦死した軍用犬と殊勲を立てた伝書鳩の話を紹介するように要求している。「満洲国」民生部『国民学校日語国民読本』巻四の第二十八「村人のはたらき」にも、「日本軍人」に関する内容が見られる。この教材は、日本の兵隊が村の人たちのために賊を追い払ってあげたことを紹介すると同時に、村の人たちが日本の兵隊のために、懸命に雪を踏み固め、飛行機の発着所を造ったことも記述した。この記述を通して、村の人と日本の兵隊との親しい関係を示した。教材の最後に、「村人　わ、寒さ　も　つかれ　も　忘れて、「ばんざあい。」「ばんざあい。」と　さけびました」[35]とあり、村人の日本の兵隊に対する感謝の気持ちまで書き加えた。

　以上を通して、日本語教科書における「軍人」に関する内容の特徴は次のようにまとめられる。

　① 日本軍人の勇ましさに加え村人の親しみを示している。

　②「日本軍人」に関する教材は、「日本軍人」自体を主題にするものではなく、直接「日本軍人」を描く部分もそれほど多くない。ここでは、「日本軍人」の周辺的要素を主題にし、間接的に軍事力が強い上、村人に親しまれる「日本軍人」像の特徴を提示している。

　③「満洲国」の成立直後の日本語教科書における「日本軍人」に関する教材は、日本軍人の表象を示す以外に、児童の「満洲事変」に対する「正しい」認識を培うことも目的だった。

（4）一般人

　本節において使われる「一般人」という用語は、教材が書かれた情況のなかで作り出された人物を指している。【表1】は日本語教科書に描かれた日本人像を「神話・物語の人物」、「歴史人物」、「軍人」、「一般人」、「「満洲国」「民族協和」の中の日本人」という五つに分類し、それぞれの教材が各教科書にどのくらい収録されているかを示したものである。

　【表1】が示すように、「満洲国」民生部『国民学校日語国民読本』巻一以外のすべての教科書に、「一般人」に関する教材が見られる。さらに、

全体的にみて、「一般人」に関する教材が教科書に占めている割合が最も高いということも分かる。

「満洲国」文教部『初級小学校日本語教科書』上冊の巻頭に12頁の絵画教材が置かれている。13頁から、短いカタカナの文章が登場し、毎頁に絵画も付された。絵画に描かれた人物は、ほとんど中国人・満洲人の服装をしており、モダンで新式な洋服を着ている人物ながらも、日本人か中国人・満洲人かも判断できない。30頁に「ユリコサン」と「ウメコサン」二人の日本人の女の子が登場してくる。この教材は教室掃除の場面を描き、二人の日本人の女の子が掃除をしている姿も描き出される。「満洲国」文教部『初級小学校日本語教科書』上冊では、それ以外に、「日本人」に関する内容は見られない。8冊の日本語教科書のなかで、この二人は最初に登場する日本人である。

下冊の教科書は上冊と同じように、ほぼ毎頁に絵画が付された。描かれた人物を見ると、上冊とは違い、2頁と28頁に、日本の伝統的な和服を着ている人物が登場する。その中に、2頁の「春子サン」、11頁の「田中サン」、28頁の「次郎さん」の三人の日本人が登場し、上冊よりも登場する日本人の人数が増える。「満洲国」文教部『高級小学校日本語教科書』上冊と下冊に、日本人の名前が出てくる教材も見られ、その大部分は、日本人同士の電話、手紙及びゲームなどの情景を描く内容である。

「満洲国」民生部『国民学校日語国民読本』は新学制を実施してから、「満洲国」で使用された日本語教科書である。巻一には、1頁から20頁までは絵画が配置された。登場人物の服装からは、日本人か中国人・満

【表1】各教科書が収録した「日本人像」に関する教材数

	文教部『初級小学校日本語教科書』上冊(1934)	文教部『初級小学校日本語教科書』下冊(1934)	文教部『高級小学校日本語教科書』上冊(1935)	文教部『高級小学校日本語教科書』下冊(1935)	民生部『国民学校日語国民読本』巻一(1938)	民生部『国民学校日語国民読本』巻二(1938)	民生部『国民学校日語国民読本』巻三(1938)	民生部『国民学校日語国民読本』巻四(1939)	合計数
神話・物語の人物	0	0	4	2	0	0	0	0	6
歴史人物	0	0	3	4	0	0	1	0	8
軍人	0	0	2	0	0	0	0	1	3
一般人	1	3	1	3	0	8	1	1	18
「満洲国」「民族協和」の中の日本人	0	2	0	0	0	4	0	0	6

出典:筆者により作成

洲人か判断出来ず、伝統的な日本の和服なども出て来ない。絵画教材後の文章には、日本人の名前は一度も見られない。巻二には、「一般の日本人」が多数登場し、また、日本人が出て来る文章には、中国人・満洲人と一緒にいる場面が多い。巻三と巻四には、「一般の日本人」が出て来る教材がそれぞれ1篇ずつ収録されている。主な内容は、日本人の一郎さんと春子さんと遊んだこと、及び太郎さんが山登りしたことである。

　以上、「一般の日本人」に関する教材を分析すると、次の特徴が見られる。

　①「一般の日本人」に関する教材は、日本語教科書全体の最も高い割合を占める。

　②日本人が出て来る情景の多くは、教室や遊ぶ場所など「満洲国」の児童にとって身近で、親しみやすい環境である。

　③日本人が出て来る文章に、中国人・満洲人も同時に登場する場面が多い。

（5）「満洲国」「民族協和」の中の日本人

　「五族協和、王道楽土」は、「満洲国」の「建国宣言」における中心的な精神である。その精神も日本語教科書に表され、日本語教科書において、日本人が出て来る文章に、中国人・満洲人も同時に出て来る場面が多い。こうした場面に基づき、中国人・満洲人と共に登場する日本人を「「満洲国」「民族協和」の中の日本人」と定義し、本節で扱う。

　「満洲国」文教部『初級小学校日本語教科書』下冊2頁の「オヒナサマ」は、「満洲国」の子供が日本人の子供である春子さんの家へ遊びに行ったという内容であり、二人の子供の親しい付き合いが示されている。教材の教授について、教授書における「教材取扱上の注意」の部分に、「日本語を教へる教師は日本事情を研究されたい。この課は日満女児が親しい交りをしてゐる情景を描写して、親善協和の精神を培ふのが主眼である」[36]と述べられている。同冊の36頁から37頁の内容にも、日本人と中国人・満洲人の名前が出ており、具体的な内容は、山田さんと陳さんが一緒に「三寒四温」の意味を討論する場面である。

　「満洲国」文教部『初級小学校日本語教科書』下冊以外に、「満洲国」民生部『国民学校日語国民読本』巻二にも、「民族協和」の中の日本人の姿が見られる。まず、第六「ナマエ」には、中国人・満洲人の児童と日

本人の児童が一緒にお互いの名前を尋ねる練習が記述されている。同冊の第七「トナリ」と第八「トモダチ」も日満児童が親しく交流している情景を描写している。第七「トナリ」は王さんと太郎さんが親しい隣人であると設定し、第八「トモダチ」は王さんと太郎さんと一緒に楽しく遊んでいる場面を描き出す。その次の第九「ベンキョオ」にも、「王サン」と「タロオサン」という中国人・満洲人と日本人の両方の名前が見られる。これらの教材には、中国人・満洲人と日本人の子供に関する内容が組み合わせのパターンとして教材に出て来るものが多い。

　つまり、引用文は、日本人と中国人・満洲人の関係の良好なイメージが伝えられ、「日満一徳一心」の方針を反映していよう。また、教材で設定された情景も学校や子供の家など日常生活における身近な環境である。児童にとって親しみやすい環境を教材中で設定することで、「民族協和」や「日満親善」などのイデオロギーをより浸透しやすくさせようという意図が窺える。

4. 日本語教科書の日本人像が果たした役割

　1942 年の『日本語』に掲載された北支座談会では、「日本語教育に於て、一番重要なものは、教材の問題だと思ひます。教材が適當であるか、適當でないかといふことは、日本語の教授の成功・不成功を決定する第一の鍵だと思ふのであります」[37] という発言が見られる。ここからは、日本語教育において、「適當」な教材、つまり適切な教材が最も重要な役割を果たすことが分かる。それに基づいて考えて見れば、ここまで検討してきた日本語教科書に見られる日本人像に関する教材は、どのような役割を果たしたのであろうか。

　日本国語学者、保科孝一は、植民地統治政策は「同化主義」、とりわけ言語による「同化政策」を基本とすべきであることを誰よりも明確に主張した。それによると、「満洲国」の日本語教育も「同化教育」の一環として位置づけられ、日本語教科書に収録された日本人像に関する教材も、「同化教育」において一定の役割を果たしたのではないかと考えられる。「満洲国」は台湾や朝鮮などの日本の植民地とは異なり、形式上は「独

立国家」として存在していた。したがって、「満洲国」は台湾や朝鮮と比べて、より間接的な方法で、「同化教育」を実施したことが想定でき、その点が日本語教科書に表されていると思われる。

　日本語教科書の内容や挿図に「日本人」と「中国人・満洲人」が出現する文章の数量を比較するために、【表2】を作成した[38]。

【表2】「満洲国」日本語教科書における「日本人」と「中国人・満洲人」の総課数に対する収録課数とその割合

	日本人	中国人・満洲人	総課数
文教部『初級小学校日本語教科書』上冊（1934）	1 （4.3%）	12 （32.6%）	46
文教部『初級小学校日本語教科書』下冊（1934）	4 （11.1%）	16 （44.4%）	36
文教部『高級小学校日本語教科書』上冊（1935）	11 （27.5%）	10 （25.0%）	40
文教部『高級小学校日本語教科書』下冊（1935）	10 （28.6%）	11 （31.4%）	35
民生部『国民学校日語国民読本』巻一（1938）	3 （3.1%）	16 （16.8%）	95
民生部『国民学校日語国民読本』巻二（1938）	8 （13.8%）	18 （31.0%）	58
民生部『国民学校日語国民読本』巻三（1938）	3 （7.5%）	16 （40.0%）	40
民生部『国民学校日語国民読本』巻四（1939）	2 （6.9%）	8 （27.6%）	29

出典：筆者により作成

　【表2】が示すように、「満洲国」文教部『高級小学校日本語教科書』上冊以外の教科書では、「日本人」が出現する文章より、「中国人・満洲人」が出現する文章の方が、数量が多く、占める比率も高い。一般的にいえば、日本語非母語話者用の日本語教科書において、「日本人」が出現する文章が高い比率を占めるはずであるが、以上取り上げられた大部分の教科書は正反対である。それについて、「満洲国」文教部教科書編集者の福井優は「満洲國における日本語の問題」において、「日本語を習うことは、決して日本語をあやつって外國語をうまく話せることに目標をおいているのではない。〔中略〕満洲國民たる以上、その民族の如何を問わず、修養として日本語を習うべきであると私は考えて居る」[39]と述べ、つまり「満洲国」において、「日本語」は「外国語」ではなく、「国語」として取り扱われ、より自然に教えられるべきだと提示した。より自然に「修養としての日本語」を教えるため、「日本人」以上に、現地の児童に親しまれる「中国人・満洲人」が多くの場面で教科書に収録されたのだった。それらの教材を通して、児童は日本語を「外国語」としてではなく、「国語」として受け入れることが意図されたと考えられる。

　矢内原忠雄は、日本語と日本精神とを同一視する見方が日本の「同化政策」の根本にあると主張した。さらに、「教育殊に言語による同化政策においても亦、日本はフランスと同様、否却つてそれ以上の決定的態度を以て植民地に臨んでゐる。即ち植民地人に日本語を教へることによつてこれを日本人と化せんとする事が、我国植民地教育政策の根本として把持せられてゐるところである」[40] と述べた。「満洲国」の日本語教科書には田道間守、豊臣秀吉などの歴史人物の物語が収録されていた。その意図は、「忠君愛国」の思想を児童に伝え、日本の天皇に「忠」を尽すように教え、「忠良なる国民」を育成するものだったと先に指摘した。すなわち天皇を崇拝する日本人化を図る「同化教育」の手段の一つだといえよう。日本の「同化政策」について、イ・ヨンスクは『国語という思想』のなかで次のように論述している。

　ほんとうの意味で「同化」が「日本人化」を意味するのなら、植民地の異民族にも日本人と同等の政治的・社会的権利があたえられてしかるべきである。〔中略〕日本における「同化」とは、日本が自由に搾取しうる対象をつくる「差別化」にほかならなかった。同化政策がすすめばすすむほど、「差別化」がすすむという逆説的な過程がこうしてすすめられたのである [41]。

　そこから見れば、日本が「満洲国」で実施した「同化教育」は「同化政策」の一環であり、本質的には、それは「差別化教育」だと言えるだろう。
　また、「五族協和、王道楽土」は「満洲国」の「建国宣言」における中心的な精神であり、「満洲国」の教育はそれを指導方針にして進められた。「民族協和」の本質について、塚瀬進は「日本人は民族協和の指導民族と位置づけられ、他民族とは異なる存在であっただけでなく、制度的にも特別な配慮が加えられていた」[42] と述べている。そこから、「民族協和」というのは真の「協和」ではなく、「民族差別」という意味のほうが大きい。つまり、「民族協和」の本質はひたすら日本の統治者としての地位を強調し、それは日本が他の民族を統治する道具に過ぎなかった。そのような「民族協和」の観念が教科書にも現れている。教材の中

で、日本人と中国人・満洲人の子供が一緒に勉強したり遊んだりしている場面が描かれ、それを通して、親善協和の精神を育成する目的が窺われる。日本と「満洲国」との親善を示している教材以外に、日本人の優越を描き出す教材も多く見られる。加えて、日本軍人の勇ましさ及び日本の天皇に関する内容は、「満洲国」における家父長的なイメージを帯びた日本人の優位性を中国人・満洲人の児童に伝えようとする意図が看取できる。

5.　おわりに

　本論では、「満洲国」初等学校の日本語教科書に描かれた日本人像を考察してきた。これまでの分析を通して下記の点が明らかとなった。

①「満洲国」初等学校の日本語教科書には、勤勉や忠義などの美徳を有する日本の歴史人物の物語を収録するとともに、村人と親しむ日本軍人の姿や、日本人の子供と中国人・満洲人の子供が親しく付き合う有様も描き出されている。それらを通して、児童に親しみのある、すばらしい日本人のイメージを伝えようとしていた。

②教科書を編纂した日本側の教育的意図としては、「日本人」に関する教材で、人物の事蹟を紹介するほか、「忠君愛国」、「日満親善」などのイデオロギーも間接的に伝えることだった。加えて、教科書で日本人の優越も描き出し、そこには「民族協和」の精神と日本人の優越の両面を児童に浸透させる意図が読み取れた。

　以上、本論が分析した「満洲国」初等学校における日本語教科書には、日本のすばらしさを喧伝しつつ、「満洲国」の「建国精神」を浸透させ、「同化教育」を促進させることに、その意図と役割があったものといえる。

【註】
1　本論は、小川が指摘しているように、「差別」の論理との関連を念頭に置いて、「同化教育」及び「同化政策」の用語を使用している（小川正人　「「アイヌ

学校」の設置と「北海道旧土人保護法」・「旧土人児童教育規程」の成立」『北海道大学教育学部紀要』55、1991 年、264 頁)。

2　磯田一雄　「研究ノート:「満洲・満洲国」日本語教科書の一断面」『コミュニケーション紀要』12、1998 年、51-76 頁。

3　竹中憲一　「解説『満州』における日本語教科書の変遷」『「満州」植民地日本語教科書集成』7 巻、緑蔭書房、2002 年、391-442 頁。

4　伊月知子「旧「満洲」における日本語学習者の日本観形成の一要因」『日本語教育方法研究会誌 21 (1)』、2014 年、82-83 頁。同「満洲国の日本語教科書に見られる特徴とその役割について」『中国文芸研究会会報第 400 期記念号』、2015 年、2-8 頁。

5　武強　『東北淪陥十四年教育史料　第一輯』　吉林教育出版社、1989 年、404-405 頁。

6　野村章　『「満洲・満洲国」教育史研究序説』　株式会社エムティ出版、1995 年、74 頁。

7　同上、94 頁。

8　嶋田道彌　『満洲教育史』旧植民地教育史資料集 5、青史社、1982 年、738 頁。

9　前掲、『「満洲・満洲国」教育史研究序説』、101 頁。

10　「満洲国」は、形式的に満洲人(中国人 = 漢族が多かった)を要職に置いた体制となっていたが、実質的には、次官や次長に当たる日本人官僚が実権を掌握していた。

11　前掲、「解説『満州』における日本語教科書の変遷」、434-438 頁。

12　松尾茂　「満洲國に於ける日本語教育の現状」『日本語』第 4 巻第 5 號、日本語教育振興会、1944 年、4 頁。

13　本論は、「満洲国」文教部『初級小学校日本語教科書』(上下冊・1934 年)、『高級小学校日本語教科書』(上下冊・1935 年)、及び「満洲国」民生部『国民学校日語国民読本』(巻一 - 巻三・1938 年、巻四・1939 年)という 8 冊の日本語教科書を研究対象として取り上げる。

14　「教材に何を選ぶべきか [諸家葉書回答]」『日本語』第 4 巻第 11 號、日本語教育振興会、1944 年、35 頁。

15　「満洲国」文教部　『高級小学校日本語教科書上冊教授書』　満洲圖書株式会社、1937 年、65 頁。

16　「満洲国」文教部　『高級小学校日本語教科書下冊教授書』　満洲圖書株式会社、1937 年、15 頁。

17　同上、16 頁。

18　六行:中国の古典『周礼』に提出された六つの善行。つまり、孝、友、睦、姻、任、恤である。

19　前掲、『高級小学校日本語教科書上冊教授書』、107 頁。

20　同上、107 頁。

21　愛新覚羅・毓嶦　『愛新覚羅・毓嶦回想録』　華文出版社、2005 年、12 頁。

22　隈本繁吉「教化意見書」1910 年 9 月、5 頁(渡部学・阿部洋編『日本植民地教育政策史料集成(朝鮮篇)』第 69 巻　龍渓書舎、1991 年に所収)。

23　1940 年 7 月、第 2 回訪日をした皇帝溥儀は「満洲国」へ帰った後、『国本奠定詔書』を喚発した。その内容は「…朕が子孫をして万世祇み承け無窮に孚あらしむ庶幾くは国本惟神の道に奠り国綱忠孝の教に張り…」というも

のである（ふりがなは筆者が付した）。

24 塙保己一（1746-1821）：江戸後期の和学者。幼くて失明し、15 歳で江戸に出て雨富須賀一検校に入門。のち国学を賀茂真淵らに学ぶ。和漢の学に精通。検校（一座の最高位）となり、幕府保護の下、和学講談所を建て和学の振興に努めた。著『武家名目抄』『蛍蠅抄』など。

25 前掲、『高級小学校日本語教科書上冊教授書』、66-67 頁。

26 海後宗臣・仲新編　日本教科書大系近代編　第八巻国語（五）第五期国定国語教科書『初等科国語二』　東京：講談社、1964 年、470-471 頁。

27 前掲、『高級小学校日本語教科書下冊教授書』、71 頁。

28 同上、40 頁。

29「日本語教育に於ける教材論−北支座談会−」『日本語』第 2 巻第 9 號、日本語教育振興会、1942 年、58 頁。

30 前掲、『高級小学校日本語教科書下冊教授書』、63 頁。

31 前掲、『高級小学校日本語教科書上冊教授書』、27 頁。

32 同上、30 頁。

33「満洲国」文教部　『高級小学校日本語教科書』上冊　康德圖書印刷所、1935 年、33 頁。

34 前掲、『高級小学校日本語教科書上冊教授書』、33 頁。

35「満洲国」民生部　『国民学校日語国民読本』巻四　満洲圖書株式会社、1939 年、87 頁。

36「満洲国」文教部　『初級小学校日本語教科書下冊教授書』　康德圖書印刷所、1937 年、20 頁。

37 前掲、「日本語教育に於ける教材論−北支座談会−」、49 頁。

38【表2】において、「日本人」は、本論の「3. 日本語教科書に描かれた日本人像」で分析した日本人像に関する内容である。「中国人・満洲人」は、伝統的な中国服を着ている人物が出てくる挿図及び中国人の名前などが出てくる文章である。

39 福井優　「満洲國における日本語の問題」『国語運動』3 巻 6 号、國語協會、1939 年、3 頁。

40 矢内原忠雄著・揚井克己 [ほか] 編　『矢内原忠雄全集』第 4 巻 岩波書店、1963 年、297 頁。

41 イ・ヨンスク　『国語という思想：近代日本の言語認識』　岩波書店、1996 年、261 頁。

42 塚瀬進　『満洲国「民族協和」の実像』　吉川弘文館、1998 年、129 頁。

＊ 本論文は作者が 2019 年に中国東北師範大学大学院日本語（言語文学）研究科へ提出した修士論文の一部を大幅に加筆・修正したものである。

Ⅲ. 書評・図書紹介

書評

劉美蓮著・西村正男監訳・廣瀬光沙訳

『音楽と戦争のロンド

——台湾・日本・中国のはざまで奮闘した音楽家・江文也の生涯——』

岡部芳広 *

はじめに

　植民地期の台湾で生まれ、日本の教育を受け、音楽界に躍り出るも中国に渡り、戦後、台湾にも日本にも戻ることのなかった音楽家、江文也の名前を知る日本人はそれほど多くないであろう。本書は、その江文也の歩んだ足跡を、30 年にわたる調査研究に基づいてまとめた大作、劉美蓮著『江文也傳：音樂與戰爭的迴旋』（台湾・INK 印刻文學生活雜誌出版、2016）の日本語翻訳版である。台湾・日本・中国に散在するあらゆる資料を収集し、江文也に関わりのある多くの人々に直接インタビューして編み上げられた彼の伝記は、一人の音楽家の生涯を綴ったものにとどまらず、彼の人生を軸として、戦争の前と後、東シナ海を跨いだ 3 つの地域という立体的な時空で繰り広げられた、壮大な政治劇ともいえる。以下、章ごとに内容を俯瞰する。

序曲　巨星、頭角を現わす−オリンピック音楽賞についての調査報告

　江文也の名を知る人はおそらく、「ベルリンオリンピックで賞を取った作曲家」ということで、その名に触れたのではないだろうか。1936 年に催された、ヒトラーのナチス・ドイツが開催したベルリンオリンピックでは、「体育競技」以外に「芸術競技」が実施され、建築、絵画、彫刻、文学、音楽の 5 部門が開催された。江文也は音楽部門の「管弦楽」に

＊相模女子大学

《台湾の舞曲》を出品し、山田耕筰、諸井三郎などの大家を抑えて「日本人」としてただ一人賞を取った。しかし、それが「銀賞」なのか「銅賞」なのか「佳作」なのか「入賞」なのか、諸説入り乱れ、はっきりとしていなかった。しかし著者は、江文也本人が台湾在住の支援者であった楊肇嘉へ出した葉書と、オリンピック関連資料から「第4番目の賞」である「栄誉賞」であったことを明らかにした。江文也にまつわるいくつかの「謎」のうち、最も関心の高い「受賞の謎」を冒頭で明らかにしてから、この「大曲」は始まる。

　第一楽章　台湾編　植民地の家族
　第二楽章　廈門編　廈門の少年詩人
　最初の2章では、江文也（以下、文也）の家族について、そして初等教育を受けた廈門時代について綴られている。
　文也は1910年6月11日に、日本統治下台北の大稲埕で生まれた。祖父の江国英は清末に福建から台湾に移住した客家人で、1914年勃発の第一次世界大戦での好景気に乗じて福建に戻り、廈門に定住した。そういった背景があり、文也の父は1916年頃に妻と文也たち男児3兄弟を連れて廈門に移り住んだ。当時廈門には台湾籍民も多く在住し、台湾総督府は旭瀛書院という初等教育機関を設置しており、文也はそこで学んだ。また彼は、国際共同租界であった鼓浪嶼（コロンス島）で欧米人や宣教師から西洋の学問やピアノ・ヴァイオリンに接し、楽譜の基礎を身につけたという。閩南語で生活し、日本語で教育を受けた文也は、閩南語や日本語で詩を書き、すでにその文才の片鱗を見せていたことは興味深く、その詩が掲載されている。

第三楽章　日本編　学業、結婚、成功
　この章からは、いくつかの節が設けられており、初等学校卒業後の長野の上田中学及び東京の武蔵高等工科学校への進学から、声楽家としての音楽界へのデビュー、中学時代に知り合った乃ぶとの結婚、その後の作曲家としての活躍という、日本での文也の足跡を追っている。
　美声だった文也は武蔵高等工科学校卒業と同時にコロムビアレコードのオーディションに合格し、バリトン歌手としてデビューする。そして

同年に第1回「音楽コンクール」（現在の「日本音楽コンクール」）の声楽部門で「入選」している（第1位なしの第3位に当たる）。この年から歌手としての文也の活躍が始まるが、同時に「1位になれないのは植民地出身の"二等国民"だからではないか」という悩みの始まりでもあった。

　そして、恩師チェレプニン（ロシア革命によりフランスに亡命したロシア人作曲家・ピアニスト）との関わりが時代背景とともに詳しく描かれる。チェレプニンは西洋音楽を精力的に受容しようとする日本人や中国人に対して、「自国固有の韻律、旋律、和声が身についてこそ、近代音楽の要素をはぐくむことができる」と、単なる西洋の模倣にならないようにと忠告しており、文也は彼の勧めに従って初めて北京・上海を訪れ、中華文化の精華に直接触れることになった。チェレプニンは、今日の日本ではあまり取り上げられることのない音楽家なだけに、ヨーロッパ中心のクラシック音楽界において中国や日本を度々訪れ、「ユーラシア主義」を実践した彼について詳述されているのは非常に意義深い。

　続いて、文也を物心両面から支えた台中の楊肇嘉に宛てた20通の書簡により、文也の作曲への意気込みや、楊肇嘉の文也への期待とそれに基づく援助が明らかにされている。この書簡の内容は、要約されたものは以前に発表されていたが、詳細に明らかにされたのは本書（原著）によってであり貴重である。ただ、楊肇嘉から文也に宛てて出された書簡は見つかっておらず、「往復」の全貌を知るには今後の調査が待たれる。

　文也が作曲家に転向し、活躍した舞台のひとつに映画音楽があった。1937年に日中戦争が始まると、日本政府は国威を発揚し戦争の正当性を謳うために、国策映画を次々と製作したが、文也は『南京』『東洋平和の道』『北京』『ビルマ戦記』『熱風』などのドキュメンタリー映画や劇映画の音楽監督・作曲を担当した。映画界は漢人の血をひく文也を、中華的な表現のできる音楽家として重用したが、文也自身は映画の内容に共感したのではなく、自分の曲がオーケストラで演奏され、実際に聴くことができるという点に魅力を感じて仕事を引き受けたという。著者は『「魂の響き」を耳にしたかっただけ』だと、文也の音楽への純粋な希求に基づいた行動に理解を示している。また著者は、「もし江文也が戦後東京に帰っていたなら、彼も映画音楽の舞台で輝かしい成功を築いていたはず。そして今日の宮崎駿監督にとっての久石譲のような地位にあったかも知

れないのだ。」と、予測する。文也にそのような日々が訪れていたら、ど
んなによかっただろうか。

第四楽章　中国編　皇民、教授、文革

　この章では、文也が 1938 年に北京師範学院の教授に迎え入れられ北京
に渡ってから、日本にも台湾にも戻ることなく中国で生涯を終えるまで
が描かれる。

　文也は、1937 年に日本占領下の北京で成立した中華民国臨時政府（王
克敏政権）の「国歌」の作曲を依頼され、翌年に北京で披露された。日
本の傀儡政権の「国歌」を依頼されるということは、事実上軍部が認め
た「支那の主席音楽家」となったのだと著者はいう。中華的な表現で作
曲ができ日本語を解する植民地出身者は、軍部にとって都合のよい存在
だったのだろう。そして「国歌」が披露されたその年、文也のもとに北京
師範学院教授職の招聘状が届く。中華文化に強い敬意や憧れを抱き、コ
ンクールで「いつも二番手」であることに不満を持っていた彼にとって、
北京行きは悪い話ではなかったようだ。乃ぶ夫人に前もって相談するこ
ともなく、「北京で仕事をする」とだけ話し、林銑十郎陸軍大将から贈ら
れたという短刀を見せたということなどから、この教授職としての招聘
は、軍部の采配だったであろうというのが乃ぶ夫人の見立てだ。東京音
楽学校の本科や師範科卒でもない学歴（夜間に実技のみを教授する「選
科」に数年在籍）を考えても、確かにこの人事は唐突で、謎だといえる。
今後、決定的な裏付けが得られることを期待したい。

　そして日本の敗戦で戦争は終わるが、文也にとってはここから戦いの
後半生が始まる。まず国民党政府から漢奸（売国奴）として捕らえられ
る。汪兆銘政権の主題歌ともいえる《東亜民族進行曲》などを作曲した
ことが罪とされたのだが、要は「大東亜共栄圏」の宣伝に加担したとい
う罪状。文也は投獄され 10 ヶ月半を獄中で過ごすことになる。

　そして、中華人民共和国が成立してしばらくした 1957 年、「反右派闘
争」が始まる。文也は「右派分子」に認定され、教授職を解任され、図
書館の閑職へと異動させられた。さらに、反右派闘争が収まった後には
「文化大革命」の大波が押し寄せることになる。文也の所にも紅衛兵が
たびたび現れ、レコード、書籍、楽譜、手稿を何もかも没収していった。

これによって失われた文也の作品は多数あり、悔やんでも悔やみきれない。1970 年、文也は 60 歳になっていたが、河北省保定に下放されて思想改造を受ける。3 年後、学院の図書館の職には戻るが、「右派分子」の汚名を雪がれ、教授職に戻るのは 1978 年で、反右派闘争に巻き込まれてから実に 21 年の月日が経っていた。

　文革中に健康を害し、結局健康を取り戻すことができないまま、1983 年 10 月に文也はこの世を去った。

余韻　故郷の人々の思い

　オリンピックで賞を得た「作品番号 1」の《台湾の舞曲》、そして未完の遺作となった《阿里山の歌声》と、文也の最初と最後の作品の題材は台湾であった。この終章では、台湾の人々が文也に対してどのような思いを抱いたのか、親交のあった音楽家からの回想文などの「思い」が綴られる。そこには、台湾音楽界での文也への尊敬と、戦後 40 年近く台湾社会が文也のことを「忘却」（政治的理由により触れられなかった）していたことへの遺憾の念が滲み出ている。様々な声がホールの残響のように次々と響きながら、「大曲」はコーダ（終結部）を迎えた。

おわりに

　評者が初めて江文也という存在を知ったのは、1988 年に台湾に留学していたとき、師であった許常惠教授の授業でであった。その後楽譜を買い求めてピアノ曲を弾いてみたりしたが、中華的でありながら、モダンな響きの和声の移ろいが絶妙で、これほどの才能が長年忘れられてきたことが残念であり、不思議でならなかった。日本では戦後、まさに「忘却」されていたが、1999 年に、放送作家の井田敏が『まぼろしの五線譜—江文也という「日本人」』を白水社から世に出し、ようやく文也の名が知られることになるのかと期待をもった。しかし、文也の東京の遺族（小論では触れられなかったが、文也には東京にも北京にも遺族がいる）の意向で、初版完売後は絶版となってしまった。そういった背景を考えると、本書の出版には非常に意義深いものがある。また、著者は井田の遺族の許しを得て井田本の内容を大いに参考にしており、その上に、

台湾・日本・中国で 30 年にわたった緻密な調査研究に基づいた事実が盛り込まれ、非常に読み応えのある作品となっている（長きにわたる誠実なフィールドワークには、心からの敬意を表したい）。しかも、文也一人のストーリーだけでなく、当時の国際情勢や政治の状況、他の音楽家についてなど、文也を取り巻くあらゆる状況について広く触れており、内容に豊かな厚みを与えている。さらに、文也の音楽活動のみならず、詩作や中国音楽研究についても詳しく論及しており、江文也という人物を多面的に理解できるようになっている。そして特筆しなければならないのは、翻訳・監訳についてだ。そもそも原著は一般向けに書かれており、資料の原典が明らかでない箇所があるのだが、訳者・監訳者は努めて原典に当たり、注釈を新たに付けている。また、極力原典から直接翻訳していることや、人物の解説が丁寧に追加されていることで、本書の精度を上げている。

　台湾に生まれ、日本の教育を受け、中国で生き抜いた文也について、「自らの民族的アイデンティティを模索し続けた」と評されることがしばしばあるが、評者にはそのように思えない。文也が終始追い求めたのは、明らかに古代から現代まで脈々と流れる中華文化であり、同時に故郷として愛したのが台湾であったことは、本書からも明らかだ。彼の中には「中華文化に立脚すべき台湾人の自分」が明確にあったのだ。一方、「二等国民」に扱われ、「いつも二番手」とされた日本のことをどのように思っているのか、日本に対する思いがどのようなものなのかは、本書からは読み取れなかった。それは本書が書かなかったのではなく、彼の中に明確なそれがなかったからではないだろうか。おそらく彼の人生の中での日本は、言葉や音楽を学んだ「学校」であって、人生のフィールドは、そこで生活するかしないかに関わらず、常に「中華世界」だったのだ。

　中華の精神を西洋音楽の語法で表現するという、理想とする音楽を純粋に追い求めたこの作曲家は、政治に利用され、翻弄され続ける人生を送った。音楽と音楽との間に、抗うことのできない政治の魔の手が次々に挿入されて彼の人生は展開していったが、まさしくそれは「人生のロンド」であった。

（集広舎、2022 年、427 頁）

　　ロンド：主題が、異なった楽想の挿入部を挟んで何度か繰り返される形式の楽曲。（デジタル大辞泉）

書評

李正連著
『植民地朝鮮における不就学者の学び
——夜学経験者のオーラル・ヒストリーをもとに——』

山下達也 *

　本書は、植民地期朝鮮の夜学を直接経験した人々、特に学ぶ側の主体性という視座からその実態に迫るものである。

　本書の最大の特徴は、2013年4月から2018年10月までの約5年半にわたる調査によって得られた64名の夜学関係者の証言が随所に用いられている点にある。当事者たちの「生の声」を踏まえ、当時の不就学児童たちがなぜ夜学に通うようになったのか、何をどのように学んだのか、どう感じていたのかという問いをもとに植民地期朝鮮の夜学について論究する。

　著者によれば、夜学に関する従来の研究の多くは「抑圧－抵抗」という二項対立の研究視点をとっており、そうした研究では当時の実態の一面が描かれるにすぎないと指摘する。1990年代末頃から、二項対立的な視点を乗り越えようとする新たな研究が登場するも、文献資料のみを用いるものが大半を占めており、本書の「序章」では、夜学経験者のオーラル・ヒストリーをもとに実態を明らかにすることが、このテーマに関わって重要な課題であると指摘されている。

　また、学習者主体の視点から夜学の実態を描きだすことにより、夜学の果たした役割や意義、さらには当時の社会及び生活状況や朝鮮民衆の対日認識等について考察することも研究の射程に含まれている。

　本書の構成は次のとおりである。

序章　朝鮮民衆の教育欲求は満たされたのか
　第1節　近代教育と朝鮮民衆

＊明治大学

　第1章では、まず植民地朝鮮における普通学校への入学をめぐる状況について論じている。三・一独立運動を境に入学忌避から希望者増へと変化し、それに応じて朝鮮総督府は学校増設政策を進めるも、それが十分なものではなかったことや、他方で私学への統制が緩和されなかったことを指摘する。そのような状況の中で、当時の社会教育政策（「学校を

中心とする社会教育」、「卒業生指導」、「国語講習会」等の施策）は、①
学校増設の財政負担の軽減、②入学難による当局への不満の解消、③卒
業生を中堅人物として農村から離れることを防止、④「思想善導」と
いった「一石四鳥」の効果をもたらすものであったと論じている。ただ
し、その「効果」は限定的であり、朝鮮民衆の向学心や教育的ニーズを
十分に満たすことはできなかったとする。

　第2章では、1920年代以降急増した公立普通学校への就学希望に対
して朝鮮総督府は積極的な政策を実行せず、入学難という状況と大量の
不就学児を生じさせたこと、また、就学の状況については、地域格差や
男女格差があり、農村地域や女性が劣悪な環境に置かれていたことを示
している。こうした状況において不就学者の教育を支えていたのは、講
習会や夜学、書堂といった私設教育機関であり、本章では特に夜学に注
目して、その類型、設立主体及び目的、教育内容、運営状況について検
討・整理している。

　第3章では、簡易学校制度の導入や師範教育機関の拡充を経た1930～
1940年代においても朝鮮民衆への教育普及が十分でなかった状況を踏
まえたうえで、同時期における夜学および私設学術講習所の実態をオー
ラル・ヒストリーにもとづいて跡付ける。聞き取り調査により、通った
人々の修学のきっかけが、設立者・教師からの声掛けや家族・親戚の勧め、
親族が設立や運営に関わっていたこと、受験準備、向学心、就職・転職
等のためであったことを明らかにしたほか、それぞれが通った夜学・学
術講習所の特徴（設立者、場所、教育時期・期間、教育内容、運営体制、
通った人々の評価、機能）についてまとめている。

　第4章では、民族、階層、ジェンダー規範による複層的な要因によっ
て朝鮮人女性の不就学状態が生じていたこと、そうした状況下の夜学で
の女性たちの学びや経験の特徴・意義について、当事者たちの語りをも
とに検討している。1930～1940年代、「男尊女卑」思想が根強く残って
おり、女性の就学に飛躍的な発展は見られないものの、夜学がわずかな
がら女子教育の受け皿となっていたことや、そこが「学びの場」として
だけでなく、本人たちにとって「遊び場」、「避難場所」としての役割も
果たしていたことを明らかにする。

　第5章では、教師という存在を手がかりに植民地朝鮮の夜学の実態に

迫る。当時の夜学教師たちをおもに、設立・運営者、現役生徒・学生、青年会・婦人会・宗教系団体、地方官吏、学校教員といった類型によって捉え、教師4名のオーラル・ヒストリーを通して、それぞれが教師を務めた夜学の設立・運営の実態、夜学教師となった契機や目的、教育実践、生徒たちとの関係形成について明らかにしている。

　終章では、本書で新たに見出すことができたこととして、①夜学に通った人々が、必ずしも受け身ではなく、主体的・能動的な存在であったこと、②夜学は教育欲求を満たすこと以外の場としても利用されていたこと、③当時の朝鮮女性たちにとっての夜学は、もっともアクセスしやすかった教育施設であり、一時的にでも儒教的なジェンダー規範から解放され、社会とつながる唯一の窓であったということ、④夜学教師の内的葛藤や苦悩、工夫等を垣間見ることができたこと、⑤就職や転職のために日本語を学ぼうとする者向けの営利目的の夜学が存在していたことの5点を挙げるとともに、調査対象者の人数や地域、証言の恣意性や正確さに関する課題について言及されている。

　著者が随所で指摘しているように、植民地朝鮮における教育に関する既存の研究はおもに文献資料に基づくものであり、「当事者」が年々減少する中では今後もそうならざるを得ない状況である。そうした中で64名の夜学経験者に聞き取りを行い、生の声により「当事者」たちの姿を浮かび上がらせた本書の価値は大きいといえる。ひとりの調査対象者を探し聞き取りにまで漕ぎつけるだけでも大変な苦労があったと推測されるし、その語りをまとめる作業にも膨大な時間と労力を費やしたであろう。

　当事者たちの生の声からうかがえる実態は、夜学をひとくくりにして概説することはできず、その規模や設立主体、機能面で多様であったことを示唆しているとともに、そうした場所に通った人々もまた多様であったことを示している。こうした当事者のオーラル・ヒストリーそのものが資料的な価値を持つものであることに加え、本書では、聞き取り調査で語られたことによって夜学の捉え方そのものにも関わる興味深い知見が示されている。細かい点になるが、特に評者にとって印象深かったのは、一部の夜学において、子どもたちがそこに通い続けた理由が、夜学の設置目的や教師たちの意図・ねらいとは必ずしも重なっておらず、むしろ両者に「ずれ」が生じていたことである。こうした「ずれ」にこそ、当時のリアリティが

感じられるし、それは植民地朝鮮の夜学の特徴を捉えるうえでも見落とすことができない実態であろう。まさに当事者の語りを集め、それを夜学の歴史の中に位置づけた本書ならではの成果だと感じられる。

　実態を語る当事者の生の声は、ある種の「素朴さ」や「無邪気さ」、時に「滑稽さ」を帯び、それゆえ当時の状況を文献の中に見られる高邁な理念やシンボリックな文言のみで捉えていると、拍子抜けするような証言さえあるだろう。しかし、当事者の「声」に注目する醍醐味や積極的な意義は、そうした生々しい人間の実感や態度から歴史の一面を生き生きと描き出せる点にある。本書はそうしたことを強く感じさせるものであった。

　他方で、当事者の「声」を研究に活かすことの難しさを改めて感じたことも否めない。本書で直接引用される「声」は、植民地朝鮮における夜学のアクチュアリティを伝える迫力を有している一方で、語りの全体性やコンテクストを重視しながら扱われなければならないものでもある。また、オーラル・ヒストリーという手法の特質を鑑みるに、本書で用いられる数々の証言を吟味し、歴史の中に位置づける著者自身もまた、このテーマに関わっての「主体」となりうるだろう。

　むろん、本書での証言の引用は著者によって慎重に吟味されたものであると思われるが、例えば「資料編」や「補論」のようなかたちで証言の全体が示されたならば、本論中に登場する当事者たちの「声」がより深く理解でき、また、重要な意味を持つものであることが際立ったのではないだろうか。厳しく字数制限が設けられる雑誌等への寄稿ではなく、研究書としての出版物であるからこそ、そうした構成も可能だったのではないかという点が評者には気になった。

　とはいえ、夜学に通った人々やその家族、設置者、教師、総督府など、さまざまな「主体」や「主体性」が交錯する中で夜学が営まれていたことを明らかにし、そのリアルな姿に迫った本書の価値は大きい。

　また、本書で導き出された知見は、植民地教育史研究のみならず、ジェンダー、社会史、オーラル・ヒストリー、地域研究にも接続可能なものであり、その点においても多くの研究に示唆を与えるものといえる。

（博英社、2022 年、373 頁）

書評

宇賀神一著
『石森延男研究序説』

北川知子 *

《目次》

1. 石森延男─「類例のない不思議」

　石森延男は最後の国定読本である第六期国定教科書「いいこ読本」の編纂者であり、「戦後日本の国語・国語科教育の最大の功労者」と評される人物である。それと同時に彼は、満洲において現地日本人用の国語

＊大阪教育大学非常勤講師

科副読本『満洲補充読本』の編纂者であり、国民学校期の国定読本第五期国定教科書「アサヒ読本」の編纂者でもあった。つまり、「『満洲』と戦時下の国語教育政策に深くかかわりながら、戦後初期の国語教育改革を主導しえた」人物であり、ここに石森延男の「類例のない不思議の所以が存する」（本書3頁）。本書は、この「不思議」について解き明かそうと試みた労作である。

　著者は序章で小国善弘の以下の言を引いている。

　　本稿が問題にしたいのは、西尾（引用者注：西尾実）の個人的責任や思想の「もろさ」であるよりは、むしろ、<u>大戦下の時代思潮に適合的なものとして編まれた国語教育論が無反省なままに戦後においても発表され続けたこと、しかもそれが戦後の国語教育論の代表的存在とみなされてきたこと</u>である。（16頁・傍線は北川）

　小国が言及した西尾実（1889-1979）は、1949年国立国語研究所初代所長に就任、1951年に『国語教育学の構想』（筑摩書房）を公にした、戦中・戦後に渡って国語教育論者として影響力を持ち続けた一人である。西尾が『国語教育学の構想』で示した国語教育の史的区分は、国語科教育史の基礎知識として長らく共有された。具体的には、第1期語学教育期（1867-1912）・第2期文学教育期（1912-1935）・第3期言語教育期（1936-執筆時）の3期に区分されており、第3期が戦中・戦後をまたいでいる。西尾はこのうち、1945年まで（戦中）を前期、以後（戦後）を後期として、前期は皇民化教育の要請から古典を中心にした文学教育（第2期の延長）の様相が強かった時期としつつ、言語活動重視を求める現場の声はあり、それが戦後に入って、アメリカの言語教育の影響のうえに「話しことば指導≒言語活動指導」が本格化する後期に「連続」したことを重視している。ここで、戦中：軍国主義は現場の要請を抑圧し、言語活動指導実践の「壁」として認識される一方で、国語教育関係者の「壁」に対する態度や行動は検証されていない。つまり、石森延男の「不思議」は、石森ひとりの「不思議」に留まらないのだ。

　戦前・戦中、軍国主義下のものだから、見るべきものがないとはいえない。しかし、軍国主義、植民地主義の下で行われた教育と、そこに資

した教育者たちの考えや行為を吟味せず継承すべきでもないだろう。国語科教育を担った教育者たちは敗戦を境に「連続と断絶」を意識的に選択したのか。何を反省し、何を反省しなかったのか。実はそのあたりが非常に曖昧に見過ごされてきた。「戦後国語教育が、その成立期においていかなる問題に直面したのか。戦前の国語教育の何を超克し、何を継承（遺産／残滓）したのか。石森の仕事を通観することは、国語教育の『普遍性』を考えるうえで明らかにされるべきこうした事柄について、いわば舞台の裏側から照射する作業になる」（3頁）本書を、国語／日本語教育に関心のある学生にはぜひ読んでもらいたい。本書では「時代の流れや様々な力学のせめぎあいのなかで誕生した国語教科書を下支えした『石森の物語』」（7頁）を明らかにするために、石森の児童文学者としての仕事も視野に入れて検討されている。教育と児童文学の両方にまたがる石森の著作1127タイトルが整理された、巻末〔資料編〕著作目録も、今後の石森研究に資する労作である。

2. 戦中／戦後の国語科の「連続と断絶」

　著者は、「本書の検討をとおして浮かびあがってきたのは、戦前・戦中・戦後と一貫して、与えられた仕事を篤実に成し遂げ、時代の要求に見事に応えた有能な教科書編纂者としての石森延男の姿であった」（235頁）と総括している。そして今後の課題として、その戦後初期の石森の仕事：学習指導要領国語科編（試案）の作成過程における石森の役割を解明すること、戦後の検定教科書と石森の関係を追求することを挙げている。確かに、戦後初期（1945年から1952年の占領期）に教育者が何を考え、どう行動したのかをつぶさに追って「連続と断絶」の様相を解明していく必要があると私も痛感した。石森が、戦後初期の特殊な状況下でその有能さを必要とされ、有能であったがゆえに、戦中期の自らの仕事を自省する契機を失ったのだとすれば、それは前出の西尾実をはじめとする国語教育者たちに同様にあてはまる「事情」ではなかろうか。石森延男一人にとどまらず、同時期を生きた国語教育者についても個別に検証する必要があろう。そして個人に焦点化した検証が統合されたとき、

「連続と断絶」の様相が立体的に把握できるのではないか。

　たとえば、1951 年 9 月 5 日発行『国語教育講座第 5 巻「国語教育問題史』』（刀江書院）は、まさにその境界線の時代に「国語教育の回顧と展望」をテーマに編まれ、執筆陣も石森延男、西尾実をはじめ、まさに当時のキーパーソンが並んでいる。執筆者と寄稿タイトルは以下である。

　　国語教育問題史　西尾実
　　国語教育の回顧と展望（一）　保科孝一
　　国語教育の回顧と展望（二）　読本編纂三十年　　井上赳
　　国語教育の回顧と展望（三）　石森延男
　　国語教育の回顧と展望（四）　芦田惠之助
　　国語教育の回顧と展望（五）　話言葉の教育について　　山口喜一郎

　石森はここで「戦後、CIE が放送協会六階におかれて、矢つぎ早に文部省に指令を下した。たちまちにして修身科が廃止され、つづいて、歴史科、公民科、地理科が廃止された。おそらく国語科も同じ運命になることと思ったが、幸いにしてそうではなかった。時の係官ワンダリックさんが、わたしに、『国語科はそのままつづけていく。ただ現行教科書を直してほしい。』といって、大きな手を出して、握手を求められた時の嬉しさは、いまだに忘れることはできない」と回顧し、その後「何時間以内に提出せよ」という制限付きでの目まぐるしい仕事に追われたことを記している[1]。石森の文章は、求められた仕事を精一杯やり遂げたという自負心に満ちた筆致に終始し、「今日、どうやら講和となり、日本も独立国になる。といって、これまでに進めてきた国語教育を感情的に逆にひきもどすようなことをしたくない。おおらかな、態度でよきをとり、敢然とあしきをすてて、ほんとうに正しい道を堂々と進みたい。『展望』は、この遠白い悲願以外になにもない」と結ばれている。[2]

　また、最初に置かれた西尾実の稿は先に紹介した『国語教育の構想』の内容をかいつまんだものになっている。戦中／戦後の教師の責任については、教材と教育目的が「国定として国家から与えられていた」戦中から、「教師の責任において、計画が立てられ、材料が選択される立て前になった」「しかし、このような、教育における教師の自主性の拡大は、

教師が自力で戦いとったものとはいえないだけに、まだ、その自主性が実践の上に確立していない」[3]と、「教師の自主性の脆弱さ」を問題視する程度である。そして、その脆弱さも「これまでの制度が馴致したもので、<u>その責任は制度にあって教師にはないと論駁するのが一般的である。それは、そのとおりである。が、わたくしがいいたいのは、そういう責任の帰属ではない</u>」（傍線は北川）[4]と、原因の解明を素通りし、教師が今後身に着けるべき「展望」に筆はスライドしてしまう。傍線部は、これが西尾ひとりの感覚ではなく、「戦中の軍国主義」を自らの外にあった問題として切り離し、責任をそこに帰して自分を問わない感覚が「一般的」なものだったことを示してもいる。国民学校期の教科書編纂について述べた井上赳も、文部省図書局と軍部のせめぎあいに苦渋の思いを重ねた経緯は詳しく書いているものの、それだけである。西尾同様、戦後、アメリカからの指導・提案で本格化した「言語活動重視」の胎動は戦中から既にあり、それら教育者たちの知見や経験を無視し介入する軍部の不条理、暴力性と、それに対抗した自身という2項対立の構図を描き出すのみだ。

　石森同様に外地（植民地）に暮らし、実務家として現地教育にかかわった芦田惠之助と山口喜一郎はどうか。山口喜一郎は外地で「外国語としての国語（日本語）教育」という特殊な現場で働いてきた自身を、国語教育のアウトサイダーと位置づけ、その経験が戦後新教育での「話し方」教育に生かせれば光栄だという筆致に終始しており、反省の言はない。芦田は「戦時の国語教育は変調でした」と、以下のように記述する。

　戦争といえば、日清・日露・日独以来、満州事変・支那事変・大東亜戦争まで、国民の目はただ勝敗の結果のみについて、深き内省をかくきらいがありました。国語教材にも、戦争に関するものが多くなって、之を取扱っては、一死国に殉ずるを、人間窮極の道と強調帰結しました。<u>それも隆々と勝ちに乗って進む時には、それがしっくり地について、少しも動揺を感じませんでしたが、漸く敗戦の兆しをみとめ、次第に物資の欠乏を見るようになっては、国民の思想に大動揺を来たすと共に、国語教育も殆どその意義を失ったか</u>と思いました。国民訓や軍人訓で、国民や軍人がどれほど奮起したでしょう。私は一億一心といい、滅私奉公という名標語が、時に嘲笑の料となった場合も見ました。<u>一億一心・滅私</u>

奉公の実が現存していて、語に結晶する時、標語は光をはなち、人は皆<u>之を仰ぐけれども、為にするところあって出来た標語は、その用をなさ</u><u>ないのみならず、害毒をさえ流す位なものです</u>。戦時の国語教育は変調でした。[5]（傍線は北川）

　つまり「変調」とは、リアリティを伴わない空文化した「ことば」を扱わねばならなかったことを指しており、そもそものリアリティであったところの、日本が起こした戦争、侵略行為、民衆の被害等と「ことば」の関係性は問うていない。「私は封建的の考え方を、民主的にあらためることに可なり苦心しました」[6]と書いてはいるが、その内容については曖昧で、植民地での自身の仕事には言及がないまま記述は終わっている。

　芦田は1951年12月に、山口は1952年2月に没しており、戦後教育に直接的なかかわりは薄い。しかし、彼らの実践や教育理論に「学ぶべきもの」を見いだした後継者がいたことは確かであり、彼らの戦前・戦中の仕事ぶりと教育理論が戦後どう「連続」したのかは検証されねばならないだろう。そして、石森も含め、その「反省」に不十分さや弱さがあったとすれば、それは何故だったのか。満洲、朝鮮、台湾が、彼らの目にどう映り、記憶されていたのか、記憶は敗戦を機にとらえ直されることがなかったのか。残された資料からできうる限り明らかにする必要がある。これは、芦田を研究対象としてきた私の宿題でもある。

　また国語科と異なり、社会科では1945年12月に「修身、日本歴史及ビ地理停止ニ関スル件」により、修身・日本歴史・地理の授業停止と教科書・教師用参考書の回収、1947年4月に歴史・地理・公民教育は新設された「社会科」に吸収という経緯をたどり、外形的には明瞭に「断絶」している。「断絶」を免れたかにみえる国語科と、明瞭に「断絶」させられた社会科の違いは何だったのか。また、その他の教科ではどういった経緯や事情を辿り、それぞれの「連続と断絶」の様相はどうだったのか。1945年をまたぐ数年間の教育者たちの動きを追って解明すべきことが、まだ多く残っているのだと考えさせられた。本書を契機に、その解明が進むことを願うものである。

（風間書房、2022年、310頁）

【註】

1　『国語教育講座第 5 巻「国語教育問題史」』刀江書院、1951 年、76-77 頁
2　同上、　111 頁
3　同上、　18 頁
4　同上
5　前掲 1)、　117 頁
6　前掲 1)、　120 頁

書評

祝利著
『「満洲国」教育再考
——日本語教育を手がかりに——』

黒川直美 *

　本書は2021年に出版されたものである。祝利氏が日本語教育を中心に
「満洲国」(以下カッコを省略) 教育の実態を明らかにした博士論文であ
る。祝利氏は中国公主嶺生まれの中国人であり、九州大学で博士号を取
得した。本書は博士論文を基礎に加筆・修正を加えて出版されたもので
ある。

1

　章構成は以下のようになっている。

　　第1章　序論
　　第2章　満洲国の民族と教育
　　第3章　満洲国における官吏の養成・教育
　　第4章　満洲国における教員の養成・教育
　　第5章　満洲国における白系ロシア人の教育
　　第6章　満洲国政府語学検定試験から見た満洲国の教育
　　第7章　結論

　まず、本書の要約を述べたい。第1章では、先行研究のまとめと共に、
本書執筆の問題意識と研究目的が書かれている。著者は「満洲国は『役立

＊東京外国語大学大学院科目履修生

つべき人材の養成』という目的をいかに実現しようとしていたのか、つまり、これらの『人材』はいかに養成され、また、その教育課程においていかなる特徴があったのだろうか。これらの問題の解明が本研究の最大の目的である。」（1頁）と記している。

　先行研究の概観では満洲国初期に、一般教育に先立ち官吏と教員教育に重点が置かれていたとされる。著者はこれが日本による満洲国統治、教育の特質を解く鍵となると考えている。

　第2章では、満洲国成立以前の民国政府の教育を概観し、その後、公教育と社会教育の二面から満洲国の教育制度について分析している。

　国民党では、孫文によって「五族共和」が掲げられた。この理念は中国の民族政策の初期形態となり、満洲国にも影響を及ぼしたという。満洲国が建国された後、政府は日本人の指導による「民族協和」を打ち出した。各民族によって違った教育方針を採ることは認められていたが、日本人の指導に服従することが明示された。

　教育制度はどうだったか。満洲国成立以前は国民党の教育制度を使用していた。建国後、その度を土台として教育制度が作られた。満洲国の教育で多いのは民衆学校（成人に対し教育を行う学校）と私塾である。そこでは伝統的な教科目を教えていたが、新学制に伴って満洲国の学校教育の中に入れられるようになった。1937年に日中全面戦争が勃発し、日本の占領地区は拡大し、多くの「人材」の養成が政府の急務となった。そのため作られたのが新学制である。これによって実業教育の比重が大きくなり、日本語が重視されたという。日本語は満語（中国語を指す）・モンゴル語・日本語という三つの国語の中でも最も重要な国語の一つとされた。

　第3章では、満洲国がどのように官吏を養成したかが描かれている。1941年以降全ての官吏に満洲国政府語学検定試験受験が義務づけられた。官吏には必ず外国語が必要とされた。満洲国の官吏制度は日本と比べ名称などは異なるものの日本の制度と符合し、日本の制度を参照して導入し、満洲国の実情に合わせて再構築した可能性が高いと著者は推測している。在職官吏は、語学講習所で中国人は日本語、日本人は中国語を学ばないといけなかった。満洲国では、どこの大学を出ていても満洲国の官吏養成機関である大同学院に一度は学ぶ必要があった。台湾・朝

鮮と比べてもわかりやすい構造となっていたという。

　第4章では、「満洲国における教員の養成・教育」が取り上げられる。同章では教育機関による教員養成の形式、教員検定試験制度と教員語学教育の三つの面から分析されている。同国では在職教員に建国精神を体得させると同時に日本語教員の養成も重視された。

　第5章では、「満洲国における白系ロシア人の教育」をテーマにしている。満洲国初期、白系ロシア人教育には具体的方針が制定されず、帝政ロシアの教育制度を踏襲した。しかし彼らの学校には「満洲国文」（中国語を指す）の授業が付け加えられた。新学制後、白系ロシア人は正式に満洲国の一分子と見なされ、教育の中で最も重要視されたのは国民性の涵養であった。ただその内実は帝政ロシア時代の教育が継承されたという。しかし、建国大学では学生たちの生活に日本語が必要で、日本語教育が熱心に行われた。著者はそれを学生の日記分析により解明を試みている。白系ロシア人は、協和会露人係による満洲国国民への統合と、白系露人事務局によるロシア伝統文化への統合が同時進行しているため、日本語ができ、満洲国の建国精神をもち、それと同時にロシア伝統文化に強い執着をもつ白系ロシア人の二つの人物像の間で生きるしかなかった。この二つの像は相反するものだったということがわかる。

　第6章は、「満洲国政府語学検定試験から見た満洲国の教育」をテーマにしている。すでに日本人対象の中国語試験については先行研究があるが、本章では各民族の試験問題を取り上げている。本章では、満洲国はいかに人々の語学力を評価し、いかなる語学能力を求めていたのかという点から満洲国の教育実態に迫っている。

　第7章は結論であり、まずそれまでの議論のまとめが提示され、次に満洲国における教育の特徴が述べられている。第一に「満洲国に役立つ人材」のもつ能力とは何か。これは満洲国の建国精神に関する認識を有し、高度な専門知識と日本語能力をもち、さらには身体力も備えているものであった。第二に満洲国時代に強制的に受けさせられた日本語教育は、その後の日本語学習、日本研究のための基礎をなしたといえる。第三に満洲国の官吏制度は、台湾・朝鮮のそれと比べ、一層体系的であり、学校教育と社会教育を基盤とし、その上に大同学院が位置しており、官吏の全般を統括、均質化していた。日本語の語学能力は官吏の採用、昇

進を決める基準となっていったという。教員の養成では、新教員の養成を重視していると同時に在職教員の思想統一、再教育も重要視されていた。教員の多民族構成に対応した多様な養成方式を有するという特徴を指摘している。

2

　以上、本書を概観してきたが、本書の成果と問題点を示していきたい。

　第一に本書の一番の功績は、満洲国の日本語教育の実態をより一層明らかにしたことである。本書以前の先行研究は、満洲国政府の政策研究が中心であった。本書は、より具体的にその政策がどのように実行されたかを解明しようとしたものであり、一歩進んだ研究となっている。しかし、著者の聞き取り調査からも明らかなように満洲国では、高度な日本語教育を受けられたものはごくわずかだった。日本語教育を受けても使う機会がなかったものも多く、また日本語教育にアクセスできなかった人々も多かった。このため、日々日本語のできない中国人に接触する官吏・教員に対して、どのような日本語教育が行われてきたかがはっきりした点は評価に値すると思われる。

　第二に、協和会における社会の中堅分子を教育する過程が解明したことである。これまでははっきりとしたことはよく分かっていなかった。本書において協和会の教育実態がはっきりした。これは非常に価値のあることである。

　第三に、官吏がどのように養成されたか、よく理解できることである。使用した教科書の分析や、建国大学の官吏養成など、非常に重要である。特に建国大学の官吏養成は、見逃されてきた部分なので評価も高いと言えよう。大同学院の教育内容をも明らかにしたことは非常に価値のあることと言える。

　第四に、教員養成の目的がはっきりしたことである。満洲国では、終始日本人教員に中国語能力が求められていたという。ここが台湾・朝鮮との違いである。そして中国人教員に日本語能力、専門知識、日本の統治理念への理解を求めていたという。「満洲国の教員養成はある意味では

日本語教員の養成であると考えられる」（141 頁）という指摘は非常に重要であると言えよう。

　第五に、植民地支配、とりわけ満洲国の国語教育を研究するのに、満洲国の実態に近づこうとする研究は未だ少ないが、本書この課題に取り組んだ数少ない業績である。また、資料において中国人研究者にしかできない聞き取り調査や、白系ロシア人の日記の入手など独自の研究手法は非常に価値のあるものであり、日本人研究者の興味を引くものである。このような独自の資料を使った研究は大変に素晴らしいものである。

　台湾・朝鮮との比較が行われているが、それらは小括内でされており、独立した節を設けた方がよかったのではないか。他地域との比較は非常にエネルギーのいることであり、もっとよく比較を読んでみたかったと思う。しかし、この課題に取り組んだことは評価されるべきことである。

　問題点をあげれば、第一に、各章で非常に細かく先行研究をあげ、整理しているにもかかわらず重大な先行研究を取り上げていないことである。日本語研究で石剛と安田敏朗は欠かすことのできない研究者ではないだろうか。二人は戦前日本語研究では有名であるし、石剛は日本語教育全般を研究し、安田は満洲国に対し満洲カナの研究を行っている。彼らを取り上げていないのは不自然である。中国語側の研究に対しても、中国人研究者の満洲国教育史研究の集大成とも言える全 4 巻に及ぶ、宋恩栄、余子侠編の『日本侵華教育全史』（人民教育出版社、2005 年）が取り上げられていないのはなぜか。本書は中国の公式見解とも言うべき書籍で、現在では必ず紹介しないといけないものではないか。

　第二に、全体に植民地教育に対する批判がなく、日本語の普及が行われたことに無批判であることである。それがかなり本書に影響を与えていると思われる。日本語の普及は、植民地支配の非常に重要な道具であったことは、すでに植民地研究では常識である。この視点を欠くことで、植民地支配に批判的でないと捉えられても仕方のないことと思う。

　満洲国は張学良政権を引き継いで教育を行っていたが、満洲国独自の教育制度である新学制を公布させた。これによって教育期間が短くなった。中等教育がそれまで 6 年であったのに 4 年間となった。日本は 5 年間であり、日本より 1 年短い。そのため日本に留学する予定のものは 1 年分予備校に通って補習を受けなくてはいけなかった。また大学は 4 年

から3年に短くされている。これは植民地では低レベル教育で良いとされたのである。また1943年以降の教育の特徴として「後期の教育内容の重要な一つは勤労訓練である」（29頁）とあるが、勤労訓練の実態は単なる労働力の提供であったことは斉紅深の聞き取り調査からも明らかであり、教育とは言えない。植民地なら低レベル教育で良いとされたことは植民地研究では常識だと思うが、その指摘がない。

　第三に、被支配民族の学生たちの葛藤が白系ロシア人の日記分析以外ではみえてこないことである。本書では「満洲国に役立つ人材」教育研究が中心だが、それを受けていた青年たちに葛藤はなかったのであろうか。少し前まで国民党の排日教育を受けて育った世代である。彼らの葛藤について、建国大学に言及した箇所で触れられているが、学生たちの民族意識に対し日本が非常に苛烈な弾圧をしたことに対して何ら言及がないのは検討の余地があろう。学生たちは建国大学では三民主義の読書会を開くなど、比較的自由に書籍にアクセスすることができたことが語られているが、このため思想事件も起きていたことがここには記されていない。学生たちが受けた苛烈な思想的弾圧も書いた方が良いのではないであろうか。

　以上のように意見を述べてきたが、従来の研究書の中で満洲国の教育研究としてまとまったものとして鈴木健一著『古希記念　満洲教育史論集』（2000年、山崎印刷出版物）があるが、私家版であり簡単に入手できるものではない。同書も満洲国だけを取り上げたものではない。満洲国教育史を取り上げて単行本として刊行したのは、2000年以降本書が初めてではないか。その意味において、満洲国史だけでなく、台湾・朝鮮史の研究者や中国の多の占領地の研究者も必ず読むべき一書となっている。

　祝利氏のこれからの活躍に期待したい。

（花書院、255頁、2021年）

図書紹介

上田崇仁著

『電波が運んだ日本語
——占領地、植民地におけるラジオ講座——』

松岡昌和 *

　20世紀は電波によるメディアの時代であるとしばしば言われる。その時代を切り開いたラジオが黄金時代を迎えたのは、ファシズムの台頭、第二次世界大戦、冷戦の激化という、世界各地が戦争を経験した時代でもあった。本書は、そのような時代にあって、ラジオというメディアが、日本語教育を通じてどのように日本の植民地や占領地の人々を動員しようとしたのかについて、具体的な教材から迫るものであり、著者がこれまで取り組んできた日本語教育史研究の成果を広く一般に示すものである。本書で著者が示しているのは、ラジオというメディアを通じて提供された日本語教育が、具体的にどのような形で国家のニーズを反映させるものであったのか、ということである。

　電波が伝える「国家のニーズ」という点を考える上で、20世紀のメディア史においてラジオがどのような機能を政治的に果たしてきたのかについて、まず考える必要があるだろう。ラジオ放送は、国内における国民統合はもとより、植民地との文化統合、プロパガンダ、電波戦といった、政治的な役割が期待されていた。活字メディアと異なり、音声メディアであるラジオは、非識字者もまた受け手となり、大衆社会の広がりや国民の動員のメディアとなる。日本の植民地におけるラジオ放送の中心は、もっぱら日本語放送であり、各地の日本人住民を主な対象とした放送が行われていたが、日中戦争の激化に伴い、皇民化教育が進展し、日本語教育プログラムが拡張する。植民地台湾において、ラジオ放送の展開の重要な契機となったのが昭和天皇の即位式であったことが示

＊大月短期大学

すように（井川充雄『帝国をつなぐ〈声〉：日本植民地時代の台湾ラジオ』ミネルヴァ書房、2022年）、帝国日本におけるラジオは、何よりも国民や植民地の統合の装置であった。

　本書は「一　戦前戦中の日本語教育は何を目指していたのか」、「二　『言葉を学ぶ』『言葉を教える』ということ」、「三　ラジオ講座は、どんな日本語を教えたのか」、「四　誰のニーズに応えたのか──おわりに」の4章からなる。この目次からは、日本語教育学という著者の専門性が強く発揮されていることがわかる。「一　戦前戦中の日本語教育は何を目指していたのか」では、本書の導入として、著者の問題意識と研究方法が示される。そこ著者は、一次資料の収集の困難さに言及しつつ、それでもラジオ講座の実態に迫る方法として、教材を「シラバス」という観点で分析していくことの意義を示している。続く「二　『言葉を学ぶ』『言葉を教える』ということ」で著者は、ラジオ講座の分析で使用する日本語教育学の概念を紹介している。言語教育にあたっては、コースデザイン、つまり授業の計画にあたって、ニーズ調査とレディネス調査（学習者の「準備・条件」についての調査）が必要になる。そのうえでコースデザインがなされ、学習項目の詳細であるシラバスが作成されるのだが、実際の言語教育では、その目的などによって多様なシラバスがある。著者は、ここで8種のシラバスについてその特徴を整理している。以上がラジオ講座を分析していく上での前提となる。

　著者は「三　ラジオ講座は、どんな日本語を教えたのか」に最も多くの紙幅を割いており、これこそ本書の中核をなす章である。ここでは、「二」で取り上げた諸概念を用いて、南方（東南アジア地域）、マレー半島（マラヤ）、インドネシア、華北占領地、朝鮮のそれぞれの地域において用いられた6点の日本語教材が検討対象となっている。著者はそれぞれについて、どのような方針に基づいて編集されているのか、どのような日本語が使用されているか、どのようなシラバスに基づいているのか、どのような使用場面が想定されているのかなどについて、教材の内容の一覧なども示しつつ整理している。そこからは、教材や使用された地域による差異が見られる。ただし、それは学習者のニーズによるものではなく、教える側、つまり日本側の要請によるものであった。例えば、マレー半島で使用された『日本語講座』では最初のいくつかの課が禁止に

関連する表現を取り上げたものとなっており、1943 年に朝鮮で編纂された『初等国語講座』2 では防諜などプロパガンダやアジテーションに満ちた内容が多く取り上げられるなど、日本側による統治の論理が強く反映されている。これらの教材は学習者ではなく、教える側のニーズが強く反映されたものであった。

　最終章「四　誰のニーズに応えたのか──おわりに」はこれまでの内容をまとめ、現代の日本語教育への展望を示している。「三」での分析から、どの講座も初級のレベルに留まり、文法的な知識や語彙力を要するシラバスが採用されていないことがわかる。そのうえで、各地域の現場にどのようなニーズがあったのかを読み解いている。そうしたニーズは基本的に教える側のニーズであったが、著者はそこに日本語教員たちの強い使命感を指摘する。「使命」に燃えた日本語教員たちは、自らの技能や知見を教育につぎ込むのだが、それは現地社会から言語や文化を剥奪することと表裏一体であった。そして、著者はこれに自覚的な教員たちの苦悩を読み取ろうとする。ここに、日本語教育研究者としての著者の立場性が表れているといえよう。本書は現代の日本語教育への問題意識で締めくくられている。国家が日本語教育に強く関わろうとしている現代において、日本語教育学や日本語教員育成に携わる著者の強い懸念と危機感を、ここから読み取ることができよう。本書は、単に歴史上の日本語教育の一コマを記述するにとどまらず、そこから現代に投げかける大きな問題提起を行っている。この点こそまさに、日本語教育学を専門とする著者ならではの視点であるといえよう。

　これまでの多くのメディア史研究が論じてきたように、ラジオ研究はその録音・記録メディアの保存の限界ゆえに、分析することの難しさが指摘されてきた。録音や台本が残らない限り、関係する周辺の資料に依拠せざるをえず、放送内容を再現することは非常に難しい。一方、20 世紀のメディア理論やカルチュラル・スタディーズの展開は、受け手である聴衆の能動性を見出してきた。よく知られるように、イギリスのカルチュラル・スタディーズ研究者のスチュアート・ホールは、「エンコーディング／デコーディング」という概念をメディア分析に持ち込み、受け手による対抗的な意味産出の可能性を指摘した (Stuart Hall 'Encoding, decoding' Simon During ed., *The Cultural Studies Reader,* Routledge,

2007、原典は 1980 年）。弾丸理論を前提としたメディアによるコミュニケーション、つまりメディアが受け手に対してそのまま伝え、受け手は受動的であるとしたモデルは、実際のマス・コミュニケーションを反映したものではない。さらに、メディア研究の古典『メディア論』（みすず書房、1987 年、原典は 1964 年）でマーシャル・マクルーハンは「メディアはメッセージである」と述べ、メディアの内容のみならず、メディアそのものがメッセージとして機能することを指摘した。これらの点を考慮に入れるのであれば、ラジオ日本語講座の研究は、今後そのシラバスはもとより、ラジオというメディアによって放送されること、それ自体の意味もまた問われなければならない。本書を出発点として、ラジオというメディアの研究の進展は、今後も日本語教育学や植民地教育史研究に多くの論点を提供してくれるであろう。

（風響社、2022 年、67 頁）

図書紹介

北川知子著
『日本統治時代・朝鮮の「国語」教科書が教えてくれること』

船越亮佑 *

　本書は、日本統治時代の朝鮮における「国語」教科書について論じたものであるが、その目論見に大きな特徴があることをまず確認しておきたい。著者によれば、「本書は私が非常勤での勤務先（母校）で出会う教員志望の学生を読み手に想定して書き進めたもの」であり、「子どもに寄り添う／向き合う」ことを理想として語る学生を念頭に置きながらその「『寄り添う／向き合う』とは具体的にどうすることなのか」を問いとして立てて本書は構成された（『植民地教育史研究年報』第24号、226頁）。ゆえに、想定された読者（教員志望の学生）に「子どもに寄り添う／向き合う」とはどうすることなのかについて深く考えさせることを本書は目論んでいる。本書は日本統治時代の朝鮮における教育が「子どもに寄り添う／向き合う」ことをしていなかったと即断しない姿勢をとるが、そのことによって著者は「子どもに寄り添う／向き合う」ことを素朴な形で理想とする読者にゆさぶりをかける。おそらく本書を読んだ読者は、真に「子どもに寄り添う／向き合う」とはどうすることなのか、改めて（あるいは初めて）考えることになるだろう。

　本書の目次は次のとおりである。

＊岩手大学

　本書の要は、これまでに著者が取り組んできた、芦田惠之助の研究と彼が編纂した第二期朝鮮読本の研究に関する部分であるといえる。ここに焦点を当てて本書を紹介したい。

　「一　日本統治下朝鮮の教育について」では、芦田が「読本は足で書く」をモットーにしていたことに触れ、彼が朝鮮各地で取材を行ったために第一期朝鮮読本に比べ第二期のものは「ローカル色の強い『朝鮮らしい』印象の教科書になって」いると述べる。

　「二．朝鮮の子どものための『国語』教科書／朝鮮読本」では、国定読本と朝鮮読本（いずれも第一期〜第五期）の中で第二期朝鮮読本だけ、五十音図が巻一の巻頭頁に掲載されていることに着目する。これは、第二言語として「国語」を学ぶ児童が発音と文字を同時に学ぶという事情を踏まえ、「常に文字を参照できる学習環境づくりが好ましいと判断し」た芦田の工夫であると指摘する。

　「三　芦田惠之助を考える」では、日本が朝鮮を統治することは時局に鑑みて仕方がないことと芦田が考え、その上で「朝鮮の子どもにとって、より良い教科書」を追及していたとする。芦田が、同化政策に疑問

を持つことができなかった「当時の多くの日本人」と同じでありながらも、「主観的には」朝鮮の子どものためを思った教科書づくりを行っていたとする。

「四　朝鮮読本に描かれた朝鮮と朝鮮の子どもたち」では、第二期朝鮮読本の教材「節約」を取り上げ、これが朝鮮の子どもに内省を説くものであるといえることから、芦田が「皮肉なことに教育者として良心的であればあるほど、植民地支配に親和性を帯びるという事態に」陥ったと考察する。なぜ内省を説くことに植民地支配との親和性を見出せるのか。それは、「過剰な内省は、すべての原因を自己の内に求めることで環境や社会にある原因を考える目を曇らせ」、「個人の力を超えた社会矛盾や、社会が個人に強いる不当な待遇に気づくことを遅らせ」るからであると著者は考える。

この部分に疑問を差し挟めば、著者は宗主国と植民地の二項対立により、日本の子どもに内省を説くことと朝鮮の子どもに内省を説くことは社会的文脈が異なるため、後者が植民地支配に親和性を帯びると論じるが、著者のいうように「過剰な内省」が社会に対する「目を曇らせ」るのであれば、前者についても問題があるのではないか。

著者は、植民地支配下に生きる朝鮮の子どもに内省を求めることが、総督府の教育官僚であった弓削幸太郎が示した同化に対して「効果」的な作用をもたらすという。一方で、同化を国民化の一形態と捉えれば、そこに見出される問題系は、植民地に限らず、国民教育の及ぶ広範囲にあるものと解することもできる。

芦田の「功績」は内外に及んでいる。その研究を通じて著者の見出した、子どもに内省を説くという植民地教育の問題系は、日本内地の教育にも係る可能性があろう。

以上に本書の要として記述してきたことをまとめるように、「むすびにかえて」で著者は次のようにいう。

子どもにとって楽しい物語や、口の端に上りやすいリズミカルな教材文を工夫した芦田惠之助、直接教授法の開発に腐心した山口喜一郎から、現場で奮闘した教員の一人ひとりに至るまで、朝鮮普通学校の

教育は、誠実で子ども思いの、まじめな人たちに支えられていました。
暴力的に日本語を強要し、生徒や保護者から嫌われ憎まれた人ばかり
なら、「日本語を強要した」罪も明瞭で、ある意味すっきりします。し
かし実際には「日本語を習得することがこの子どもたちの幸福だ」と
信じ、その信念で学習動機づけや日本語のスキルを伸ばす環境づくり
に努力した「良い先生」も少なくないのです。実際にそういう「良い
先生」と教え子の心温まる思い出を直接ご本人から聞いたことが私に
も何度かあります。

　ここを読むに至って、「子どもに寄り添う／向き合う」ことを素朴な形
で理想とする読者は何を思うだろうか。著者が立てた「『寄り添う／向き
合う』とは具体的にどうすることなのか」という問いについて考えずに
はいられないのではないか。著者は続ける。

　　この歴史から私たちが学べるのは、社会の大きな動きを疑うことな
　く、ただ目の前の事態に誠実に対応しているだけで大丈夫か？という
　問いではないでしょうか。

　社会に対する「目を曇らせ」てはならないというメッセージを込めて
投げ掛けられたこの問いは、想定された読者（教員志望の学生）のみな
らず、すべての読者が受け止めることになるだろう。本書は、日本統治
時代の朝鮮における「国語」教科書を通して、歴史に学ぶという言葉の
意味を読者に改めて考えさせる書物ともなっている。

（風響社、2022年、70頁）

図書紹介

北島順子著
『近代日本の植民地教育と「満洲」の運動会』

宮脇弘幸 *

　本書は、学校教育活動のなかの「運動会」に焦点を当てて、その実態が体育、軍事、教育の領域でどのような役割・機能を果たしていたのかを歴史的な視点から検討している。

　構成は次のとおりである。

　はじめに
　一　日本の国定・植民地（台湾・朝鮮・南洋群島）教科書に描かれた
　　　運動会
　二　「満洲」教科書に描かれた運動会
　三　「満洲」における教育・運動会・スポーツ
　むすびにかえて

　「運動会」は、日本の学校行事の中で、座学中心の教室内から解放され、児童・生徒たちにとって、個々の運動能力を発揮し、競争心を駆り立てられ、班・組の団結力を示す、最も楽しい活動である。「運動会」はまた、学校外の町内会、あるいは企業内などでも健康増進のため、また所属する班・部署間の親睦と結束性を高めるために行われてきた。この風景は、著者が「はじめに」で述べている「日本独特の身体文化の一つ」なのであろう。

　著者は、このような特質を持つ運動会を、それが発生した歴史的背景をたどりながら、日本の国定教科書及び旧日本植民地の教科書にどのように描かれていたのか、またその活動が、戦時期には集団訓練から軍事

＊大連外国語大学客員教授

訓練に取り込まれた経緯なども検討している。殊に、運動会を描く教材について、戦前の国語・修身・算術・唱歌の国定教科書及び旧日本植民地下の台湾、朝鮮、南洋群島、そして「満洲国」の教科書を丹念に調べ上げ、その調査結果に基づいて「運動会」の特質を検討している。

　具体的には、国定教科書に「かけっこ」「訓練」「ラジオ体操・体操」「綱引き」などが39教材に見いだされ、台湾の教科書には「ラジオ体操・体操」「かけっこ」「運動会の歌」「万国旗」など13教材が見いだされたという。そして、朝鮮の教科書には「かけっこ」「教練」「ラジオ体操・体操」「騎馬戦」「玉入れ」「旗取り」など60教材が見いだされ、さらに南洋群島教科書には「教練」「かけっこ」「万国旗」「綱引き」「運動会の歌」など、運動会関連の教材が18課あるという[1]。

　これらの運動会種目のうち、「かけっこ」（徒競走）「綱引き」「運動会の歌」「万国旗」はどの地域の教科書にも登場しているようだ。また、「教練」「ラジオ体操・体操」「玉入れ・だるまおとし・大玉・だるまおくり」は3地域の教科書に登場することを述べている。

　本書は、このように多くの運動会種目が台湾・朝鮮・南洋群島それぞれの教科書に共通して取り入れられていることを明らかにしている。特に登場率の高い運動会教材については、挿絵付き頁を載せている（地域ごとの種目登場回数は本書10頁の表を参照）。

　満洲・「満洲国」で発行された在満日本人用教科書及び中国人用教科書に描かれた「運動会」も検討している。在満日本人は基本的に国定教科書を使用していたのであるが、日本と満洲の生活環境及び体制の違いから、現地の風土・生活慣習などを取り入れた、一種の副読本（『満洲補充読本』『満洲小学唱歌集』『皇国の姿』など）も使用していた。そのなかで「運動会」に関わる教材を取り上げている。日本人用国定教科書の「かけっこ」だけでなく、中国人用教科書にも「跑」が挿絵と共に描写されている。興味深いのは、国定や台湾・朝鮮・南洋群島教科書には見られなかった「ランニング」「リレー」「合同体操」が満洲教科書には登場している、と指摘している。また、国内や他の植民地では強調された兵式体操、軍事訓練のような軍国主義的教材は、満洲教科書には見いだせなかったと述べている[2]。

　次に、満洲における学校教育・運動会・スポーツについて、在満日本人

の個人体験を取り上げ、検討を加えている。個人体験は、吉岡数子（著者の母）が入学した、在満日本人用の小学校及び、小学校の名称が1941年度（吉岡3年生）より国民学校に変わった当時の学校体験である。著者は、吉岡自身の体験記録と吉岡の父（岡田義弘・著者の祖父）が撮影した写真資料も用いて、満洲体育の傾向を検討している。

そこには、小学校では運動会、水泳、スケートの体験が語られているが、水泳プールは低学年用と高学年用のプールがあったようで、施設・設備面では内地の学校には見られないことであったという。スケートは、冬期になると運動場がスケートリンクになり、また各学年用の『満洲補充読本』の中で教材化もされていたという。

満洲の国民学校でも外来語使用禁止の方針があったようで、スケート授業について、先生は翌日の授業に「スケート靴を持ってくるように」とは言えないので、スケート靴をかざして「これを持ってくるように」と言ったという。戦時期の国内の外国語排斥施策が植民地にも及んでいた事例である。

また、日本の国民学校では「体錬科」に「武道」（剣道・柔道・薙刀）が導入されていたが、吉岡の在籍したハルピン白梅国民学校では、女子の「薙刀」は行われなかったという。著者は、満洲の体育は、内地のような軍国主義的な教練重視ではなく、陸上競技、水泳競技、器械体操競技、スケート競技などスポーツ重視であったと述べている。

著者は、日本及び旧日本植民地で行われた体育・運動会が、それぞれの教科書教材でどのように具体的に描かれていたのか、その分析を通して身体文化の諸相を明らかにしようとしており、本書はその研究成果の一つと言える。

（風響社、2022年、69頁）

【註】

1　筆者は、1991年と1992年に南洋群島のあちこちの島で日本統治時代の経験者から当時の教育体験を聞き取ったが、経験者たちが運動会の用語をすらすらと言い出したのに驚かされた。記憶されていた用語は、「運動会・綱引き・リレー」（パラオ調査）、「綱引き・リレー・混合リレー・100メートル競走・マラソン・騎馬戦・パン食い競争・一等賞・二等賞・賞品」（マジュロ島調査）、

「綱引き・ビン釣り・相撲（テニアン島調査）などであった。また、1992 年 9 月のポナペ島調査では、偶然に小学校の運動会・徒競走に出くわし、スターターが「よーい！」の号令をかけ、「パン！」というピストル音とともに児童が「かけっこ」をしている場面に出くわした。日本統治時代に南洋庁教科書で学び、実際に体験した運動会が戦後も引き継がれ、半世紀以上経った島民生活に定着していたのである。

2　これは小学校用の教科書教材レベルの問題であって、実際面では、満洲の国民高等学校（中学校）の課程に日本人将校による「軍事訓練」が行われていたようだ（筆者の 1997・98 年調査）。また、満洲ではないが、華北占領地の山東省済南では小学校で「隊列・行進」の「軍事訓練」が行われていたという（筆者の 95 年調査）。植民地・占領地の中でも、地域・時代・体制によって多少の違いはあるだろう。

図書紹介

白柳弘幸著
『戦時下台湾の少年少女』

中田敏夫 *

　本書は「植民地教育史ブックレット」シリーズの1冊で、戦時下台湾で生まれ育った「本島人」「原住民」「内地人」の14名から聞きとったオーラルヒストリーをもとに執筆されたものである。

　本書は「はじめに」を受け、「一戦前台湾の教育について、二本島人の少年少女、三原住民の少年少女、四日本人の少年少女」と続き、「おわりに」で結ばれている。内容は、太平洋戦争前後に少年少女時代を暮らした人々に、「主に学校生活について尋ねたことを聞き書きした」(「はじめに」)ものである。生き生きとした語り口から当時の台湾社会を懸命に暮らした姿が浮かび上がってくる。

　一般的に、歴史研究においては文献資料だけでみえてくる内容には限界があり、その時代を生きた当事者の声に耳を傾けることではじめて理解できる歴史的事実・経緯・内容・影響があると考えられる。それがオーラルヒストリー研究の最大の特徴であろう。本書に記された口述歴史資料にはその成果が随所にみられる。

　まず二節では本島人の差別された待遇が語られる。台北第二師範学校に進学した古慶瑞氏は、寮では食費は日本人と同料金であったにもかかわらず小遣いには差があり、教員給与は本島人に比し日本人は6割加俸だったことに触れている。台湾人は二等国民と呼ばれ「僕らには責任はないし、どうしようもない」と述懐する。給費制度は総督府資料で明らかにされるが、同時に多くの場で聞かれるこのような被差別意識の「記憶」は、歴史として記されていくべきものだろう。

　三節原住民では、学校で日本語使用を徹底させるため上級生が週番に

＊中京大学社会科学研究所特任研究員

なって厳しく監督したことを宮下勲氏が、学芸会の「浦島太郎」で亀役をやり今でも歌の一番が歌えることを川村清治氏が語っている。このような学校現場の様子は、文献資料ではみえてこない記憶資料といえよう。

　四節では、台湾で生まれ育ち、敗戦後も台湾に残った、所謂「湾生」が経験を語る。とりわけ中華民国になってからの留用日本人学校の経験は印象的である。松田和子氏は昭和18年高雄高等女学校に入学するも日本の敗戦後帰国できず、台湾省立高雄第二中学校で学ぶ。民国35年（1946年）11月16日撮影の「台湾省立高雄第二中学校日本籍校友送別記念」写真を手にし、「私たちを高雄第二中学校の生徒として受け入れてくれていた」と語る。高橋英男氏は台北一中から台湾省立台北仁愛中学校を卒業するが、「クラスメイトを含めた現地の人々の当時の心境を考えないわけには」いかず、日本統治時代を含め、戦後の台湾の状況に「言うに言われぬ心苦しさ」を感じると吐露する。戦後の留用については、小島勝「台湾における「留用」日本人児童生徒の教育の実際と近代化」（龍谷大学論集473号2009年）の研究などがあるが、経験者の語りはまさしく著者が指摘する「貴重な証言」といえよう。

　また、本書には、当時を理解するための編修上の工夫がみられる。台湾の50年にわたる植民地統治の概要が一節にコンパクトにまとめられ、「台湾教育史年表・諸学校一覧・島内公立中学校現況」の資料、一般から専門家向けまでの参考文献、また写真資料などが幅広く紹介されている。最大の特徴は27項のコラム記事である。台湾理解のための「漢族－客家・閩南人（福佬人）、六氏先生の芝山巌精神」や、統治上の矛盾・問題を記した「内台共学の問題、奴隷化教育・愚民化教育」、台湾教育の実状に触れた「公学校より書房、公学校は兵士養成？、先生が児童集め」などが丁寧に説明されている。限られた紙幅の中で、調査、研究の成果を的確に踏まえ、台湾統治時代を知るための工夫が凝らされた一冊となっている。

　さて、最後に植民地統治がもたらした台湾の人々の母語継承に関して触れておきたい。三節（7）知本でのまとめに、原住民の人々の共通の悩みは「戦後台湾の学校教育は北京語中心のため、それを学ぶ孫達との会話が十分に出来」ず、「孫たちは日本語も原住民の言葉も分からない」ことである、と寂しそうに話したとある。この母語継承の悩みを、著者

は「統治国による言語統制が生んだ悲劇」であるとしている。この指摘は非常に重みがある。ただ、この語りの箇所が本文には具体的に記述されていない。これはオーラルヒストリーとしてやはり聞きたかった語りだった。本書の性格上報告集のようには語りをすべて一冊に収められず、忸怩たる思いで割愛されたものと推測する。

　狐蓬万里『台湾万葉集』(集英社 1994 年) には「宿命かフォルモサの民 一生に三度の国籍更ふるもありて」という有名な句がある。しかしこれは単に国籍が代わるだけではなく、母語が絶たれることでもあった。廖継思は父の晩年の言葉として「教育とは、親から子へ、子から孫へ、母語で教えていくのが最も自然で効率がよいのだが、吾々は何代もそれができなかった」(「三たび変わった国籍 – 母語教育を絶たれた悲哀」『琉球新報』1997 年 5 月 9 日朝刊) と述懐している。

　齋藤義七郎「台湾に於ける言葉をめぐって」(『外地・大陸・南方日本語教授実践』1943 年) には蘭陽女学校の生徒の作文が多く載せられている。次は印象的な作文の一つである。

　　母は字も読めず、国語も使へないのです。本をめくつて料理をつくる事なく、自分の幼い頃に食べた料理を思ひ出しては実験するといふ風です。ですから私達も心してむだにたべたり、悪く批評することなく、ニコニコと食べるので自然と嫌な物も好きになつてしまふ。おいしい料理をたべつつ皆は今日の出来事を語る。始め頃は台湾語で云ひ合ひますが、いつとはなしに国語になつてしまふのをどうする事も出来ません。私達四五人は何気なしに語るが、国語の出来ない母はすまして聞く、私は時々母の姿を見てハツとして頭を下げて台湾語を使ふ。(本島生)

　家族の中で母語しか理解できずに肩身を狭くする母、その罪の深さに気付く娘、指導した教員はこの作文をどのように受け止めたのだろうか。この生徒は戦後学んだ北京語により子育てをし、台湾語がわからない孫と共に暮らしたのかもしれない。母語継承をめぐる狐蓬万里、廖継思、この生徒の悲哀は、本書に登場する人々にそして台湾のすべての人々に共通するものだった。

　フリードリヒ・シラーのことばに、「時の歩みは三重である／未来はた
めらいつつ近づき／現在は矢のようにはやく飛び去り／過去は永久に静
かに立っている」がある。しかし、果たして「過去は永久に静かに立っ
ている」ものなのだろうか。本書に記された 14 人の語りには、時間に癒
やされた暖かな記憶があれば、人間性を否定され、人間の尊厳を傷つけ
られた記憶もある。これらは決して「静かに立つ過去」になるものでは
なく、またそうしてはいけないものだろう。オーラルヒストリーという
手法は、いわば「過去」を「現在」に繋げる作業である。語りから導き
出すのは、単に過去を糾弾するものでもなく、当然ながら美化するもの
でもない。それは過去を白日の下に晒すことで、現在に繋がる「何か」
を見いだしていく作業ではないだろうか。台湾の人々からよく「日本人
はいいこともしたし、悪いこともした」ときく。その一つ一つを洗い出
していくことが今を生きる私たちに必要かつ大切なものなのだろう。本
書はその役割の一翼を担ったものといえる。

　　　　　　　　　　　　　　　　　　　（風響社、2022 年、75 頁）

図書紹介

山下達也著
『学校教員たちの植民地教育史
——日本統治下の朝鮮と初等教員——』

白恩正 *

　本書は、日本統治下朝鮮における「初等教員」の実態について論じたものである。この教員集団を「民族」「性別」「養成」「実践研究」「国家との関係」という多方面から分析することで、植民地教育の実態に迫った一書である。

　著者はこれまで日本統治下朝鮮における初等教員に着目して研究を行ってきた。本書は著者が述べるように、研究者向けの専門書ではなく、植民地朝鮮の教育を考えたことのない多くの一般人読者向けに、これまでの研究成果をコンパクトで分かりやすく紹介している。そのため、読みやすい内容と構成になっており、豊富な直観教材を使っている。全61頁に植民地期朝鮮の写真が9枚、図が11個、グラフが3個用いられている。

　本書の構成は次のとおりである。

　はじめに
　　1　なぜ植民地の教員か
　　2　本書の性格と本論の構成
　一　日本統治下朝鮮の初等学校
　　1　朝鮮に設置された初等学校
　　2　「内鮮別学」と「内鮮共学」
　二　教員たちの「民族」
　　1　日本人教員と朝鮮人教員の混在状況

＊帝京大学

　一から四までは植民地期朝鮮の教育政策及び教員の実態を文献に基づいて忠実に分析している。五と六とむすびにかえてでは、実際の学校現場においての実践や教員の働きの様子などを浮き彫りにしている。

　「一　日本統治下朝鮮の初等学校」では、植民地朝鮮における初等学校が、日本人児童が通う「小学校」と朝鮮人児童が通う「普通学校」に分かれていることを紹介し、それが1922年より日本語を常用するか否かによる区分に変わることで、制度上では「内鮮共学」が可能になるものの、

実際には区分が存続しそれに応じて修業年限、カリキュラムが異なって
いたことを論じている。

　「二　教員たちの「民族」」では、日本人教員と朝鮮人教員が混在する
「普通学校」に着目して教員のポスト、役割、待遇差について論じてい
る。おおむね 3 分の 1 を占める少数の日本人教員が多数の朝鮮人教員を
「指導」し、「地域社会教化の中心的存在」として教育現場の「監視役」
を勤める。それに日本人教員のみに本俸の 60％ の「加俸」が付けられた。
これは「単に日本人、朝鮮人という「民族」属性に応じて支給の有無が
決定され」たことで、教員の「民族」による差は「植民地統治の円滑化
を図る朝鮮総督府の政略による意図的な「差異化」」であると著者は述べ
る。

　この「差異化」と同時に志向されたのが「同化」であった。「創氏改
名」など朝鮮人教員は「日本人との「同化」をいち早く果たす」べき存
在とされた。つまり、教員の「「民族」という属性の見え隠れには、植民
地政策の政略が絡んでおり、ある意味では「巧妙」に仕組まれた施策で
あった」ことを示している。

　「三　教員社会の中の性別」では、当初は一割にも満たなかった女性教
員の数が 1943 年の時点では 25％ に増加したことを指摘する。政策意図
と連動し、「適材適所」論で教員の性差を顕在化したり、男性教員が不足
すると「適材適所」論がトーンダウンしたりと、「政略の中で巧みに利
用され」たことを示している。また、性別に「民族」の差が加わると同
じ教員であっても、日本人男性教員、日本人女性教員、朝鮮人男性教員、
朝鮮人女性教員の順に待遇に大きな差が存在したことを示し、「民族」と
「性別」による差を明らかにしている。

　「四　朝鮮における教員の養成と確保」では、学校の増設に伴い、常
に教員が不足する事態を受けて、教員養成の方法及び政策について論じ
ている。教員養成機関である公立の師範学校が 1923 年までにすべての
「道」（日本の県に該当する行政単位）に設立されたことや、教員養成以
外の方法として朝鮮独自の教員試験が実施されたことを示している。ま
た、朝鮮総督府は日本から教員招聘を要求するも、「いずれも朝鮮総督
府が要求した人数には程遠く、総督府の思惑通りには教員が確保されな
かった」実態を明らかにしている。

　「五　教員たちによる教育実践研究」では、朝鮮における教育実践研究を牽引した「朝鮮初等教育研究会」の活動を紹介し、日本の教育理論をそのまま真似るのではなく朝鮮独自の「国語教育」及び「複式教育」の在り方の必要性が論じられたことを示した。

　「六　植民地権力への従属性と緊張関係」では、「教員」という存在と植民地権力との関係を「従属性と緊張関係」という視点から論じている。教員は「国家による教育政策の「担い手」としての役割を」持つと同時に、「歴史の中に生きた教員らの実態に目を向けると」教員と子どもの間には、当局の思惑通りには働かない要素が随所に存在していたという。すなわち、皮肉にも師範学校が朝鮮人の民族・抗日思想を育む場として機能したり、日本の植民地支配に抗う人物の育成を行うことさえあったことから、教員を「植民地教育政策を停滞、あるいはほころばせる可能性を宿した」存在として著者は論じている。

　「むすびにかえて」では、当事者たちの「声」に触れて、こうした当事者のオーラル・ヒストリーそのものが資料的な価値を持つものであると同時に、他方で、当事者の「声」を「相対化」し研究に活かすことの難しさについて述べている。

　本書は、「教育政策と子どもの中間に位置し、両者をつなぐ存在であった」初等学校教員が、朝鮮統治を下から支える植民地教育の「担い手」であると同時に、それを内側から弱体化もしくは遅らせる存在でもあったことを示している。ここに植民地教育の複雑さがあり、ダイナミックさがある。この植民地期朝鮮の初等学校教員を多方面から分析し、教員集団のリアルな姿に迫ったのが本書の特徴である。

　また、初等学校における朝鮮人教員には、日本人教員との「民族」差を露骨に提示され続けながらも日本人との「同化」をいち早く果たすことが求められた点を指摘し、ある場面では「差異化」によって、別のある場面では「同化」によって、植民地経営の政策に巧みに利用しようとした、植民地教育政策の本質を明らかにした点において、本書の価値は大きい。

　ここで一つ述べておきたいのは、著者のキー概念として用いる「同化」と「差異化」についてである。従来の植民地朝鮮の教育研究では「同化」と「差別」を用いた。本書では「差別化」ではなく、あえて「差異化」

という言葉を用いる。この点こそ著者の独自性の表れであると思われるため、あえて「差異化」を使った理由もしくは当為性について最初に触れておくと、より読者の理解を助けることになるのではないかということである。

　最後に、本書で導き出された知見は、植民地教育史研究において多くの示唆を与えるものといえる。

　本書が多くの読者に広く読まれることを期待したい。

（風響社、2022 年、61 頁）

図書紹介

加藤聖文著
『海外引揚の研究——忘却された「大日本帝国」——』

山本一生 *

はじめに

周知のように、近年引揚研究が進展しつつある。このような研究状況の中で引揚研究を牽引してきた第一人者による待望の書が出された。本書はすでに『史学雑誌』をはじめ、多くの書評が出ている[1]。

本書の内容紹介

目次は以下の通りである。各節は省略した。

序章では、本書の課題が提示される。その課題とは、①国際的視点②社会的視点③世界史的視点という3つの視点から、敗戦後の残留日本人の

＊鹿屋体育大学

「引揚問題」研究と、引揚げたあとの日本国内における「引揚者問題」研究という2つの課題を解明することを通して、海外引揚の全容と日本の脱植民地化の特質を明らかにすることである。第1章から第4章は第一の課題である「引揚問題」に焦点を当て、第5章は「引揚問題」から第二の課題である「引揚者問題」への転換を扱い、第6章から第7章は「引揚者問題」を焦点化する。

　第1章では、「なぜ現地定着から引揚早期実施へと方針が転換」したのかという問いを解明するために、①日本政府の現地定着方針の転換がいつか②早期引揚実現の要因は何かという2つの点を論じた。日中関係や日米関係といった二ヵ国間関係で引揚問題を論じるのではなく、日本の敗戦前後の中国大陸において刻々と変化する情勢を中国戦域米軍の役割に着目して分析した。こうして、アメリカは人道的理由よりも国際政治上の観点から日本人送還に関与したことが明らかにされた。

　第2章では、敗戦に伴う満洲国崩壊によって引き起こされた「引揚問題」に焦点を当て、満洲からの引揚が具体的にどうなされたのか、ソ連軍との関係から在満日本人社会の構築過程に焦点を当てて明らかにした。特に第三節で、在満日本人の引揚を取り仕切る政治権力の空白状態のために引揚の見通しが立たなくなり、自分たちの「社会」を構築する中で教育の再開が重視されたことに言及されており、教育史として重要である。特に再開した学校で歴史の代わりに中国語が開設されたことについて、満洲国が消滅してから現地語の教育が始まったという著者の指摘は、我々に重い課題を問いかける。

　第3章は台湾と中国本土からの引揚げがなぜ予想以上の平穏さで短期間に完了したのか、1945年8月15日の「以徳報怨」演説を行った蔣介石国民政府側の事情を中心に論じていく。邵毓麟は、ほぼ無傷の支那派遣軍が降伏を認めず武装解除に応じないのではないかと懸念した。そのため敗戦直後に行われた国民政府と支那派遣軍との会談では、国民政府側に日本留学組を加え、敗戦国である支那派遣軍を丁重にもてなすという配慮をした背景が論じられる。その結果、国民政府側の思惑通りに平穏に支那派遣軍の降伏が行われた。さらにアメリカの対中政策の転換と国民政府の事情（特に日本軍残留に伴う財政負担増と共産党との対抗）から支那派遣軍の早期送還が実現した。しかし戦争犯罪や賠償を巡る問

題は政治的に曖昧とされた。さらに台湾協会の設立が戦後の日台関係へ与えた影響を指摘し、政治的側面に言及した。

　第4章は、ソ連軍が侵攻した大連・北朝鮮・南樺太という3つの地域の残留日本人が異なる環境に置かれた理由を、ソ連側の意図とその要因から論じる。ソ連軍政下大連では国民党系の有力者などと中国共産党員の連合体が行政を担い、実際の業務は日本人が担う構造で、ソ連は中共に過度に肩入れしなかった。中共は政治と経済の基盤強化のために日本人労働組合を活用し、この組織が日本人を束ね、引揚を順調に進めた。ソ連軍の北朝鮮統治方針は主体も曖昧で、残留日本人の環境をより劣悪にした。ソ連内部の縦割り行政という構造的な問題が絡み、迅速な対応ができず、さらに米ソ対立の顕在化によって米ソが連携して日本人を送還することも不可能となった。ソ連軍は公式には日本人の脱出を認めず、残留日本人は自力で脱出する他なかったため、ソ連軍の集団移動命令を利用して集団南下し、責任回避のためソ連軍も黙認した。南樺太ではソ連が統治し、千島とともにハバロフスク州へと編入され、残留日本人は引揚の目処が立たなかったためにソ連の社会構造に組み込まれていった。しかし南樺太へのソ連人移住の増加に伴い日本人の住宅事情が悪化したため日本人送還計画が具体化され、1946年末から公式引揚が行われた。

　第5章は引揚初期の民間団体による応急援護活動が、後期に行政主導の定着援護事業へと転換する過程を論じる。敗戦後の動揺が短期間で落ち着き、日本人が朝鮮残留を志向した頃に京城内地人世話会が結成された。朝鮮総督府が解体され唯一の組織的な日本人団体となった世話会は「日本人世話会」と改称すると、引揚へと転換した。米軍政庁と世話会の連携で引揚計画輸送が1945年10月から行われ、翌年4月に大半の日本人が引揚げた。世話会には京城帝国大学教員だった文化人類学者の泉靖一を中心とする移動医療局（MRU）が、当初は京城を中心に、のちに博多で性暴力の被害者となった引揚者女性の救護を行った。一方で、MRUとは別に厚生省による九州帝国大学の医師派遣事業が展開した。こうした引揚援護は応急救護だけでなく、住宅提供と就労斡旋へと転換していくことで、初期の民間人団体による自発性の強い引揚援護活動は行政の一環に組み込まれていく。

　第6章は、満洲引揚者の外地体験がどのような「歴史化」の過程をた

どったか、①居留民②非定住者③開拓団と三つのグループから歴史編纂事業を論じる。①として満史会の『満州開発四十年史』（1964年）、②として満蒙同胞援護会の『満蒙終戦史』（1962年）『満洲国史』（1970-71年）、③として開拓民援護会の『満州開拓史』（1966年）を取り上げる。満史会の歴史編纂は満洲事変以前から満洲と関わった者達を中心としたため満洲事変以前の歴史を重視したが、満蒙同胞援護会は満洲国関係者を中心としたために満洲国建国理念を前面に出し、満洲国時代の政治対立や政策失敗は浄化され、純粋で肯定的な記憶が形成された。開拓民援護会は満洲移民開拓政策に関わった拓務省・大東亜省の関係者が編纂に関わったため、開拓政策が抱えた本質的な問題を覆い隠し、開拓団員の怒りの矛先が巧みにかわされ、悲劇性のみが強調された。

　第7章は、主に満洲と樺太からの引揚者を対象に、戦後社会に受け入れられなかった引揚者が、記念碑の設置によって記憶を確認するさまを描く。満洲からの引揚者を多く受け入れた舞鶴では、シベリア抑留からの復員の側面が強く記憶されてしまった。慰霊碑建立は引揚時に失った在外私有財産の補償運動と並行して行われたが、こうした運動の担い手と私有財産を持てなかった開拓団員との溝は深かった。しかし開拓団員が建立した「拓魂碑」は国策への回収を促して犠牲者の死を抽象化し、国策の欠陥を隠蔽する機能をもたらした。樺太は日ソ関係の影響を受けたことが特徴で、南樺太返還の可能性があった。しかし日本政府は北方領土問題を四島返還に限定したため、サハリンとなった南樺太での慰霊碑建立へと転化した。さらに、日本社会から忘れられた樺太日本人引揚者、樺太引揚からも忘れられたサハリン少数民族の「引揚」に言及し、「忘却の二重構造」を告発する。

　終章では、第二次世界大戦の帰結と戦後国際秩序の再構築過程に焦点を当て、ユーラシア大陸規模で起こった民族変動の一部として日本人の海外引揚を位置づけ直す。中国と朝鮮で分断国家状態が形成される中、サンフランシスコ講和条約（1951年）締結後、日本政府は在外財産を放棄することで戦争賠償と植民地補償に充てた。つまり、引揚者の個人財産が国家賠償に充当された。しかし、国家間での大日本帝国の清算は曖昧に決着したが、引揚者に対する在外財産補償問題は断続的に政治問題化した。政治運動の担い手が世代交代のために引揚者から抑留者へと交替

し、日中国交正常化（1972年）以降は中国残留日本人問題が浮上し、中国帰国者として扱われるようになった過程が描かれる。さらに、大日本帝国崩壊という政治的要因で引き起こされた民族変動を世界史的視座から、ドイツとイタリアといった旧枢軸国、ソ連と周辺国での民族変動についてまとめる。最後に、海外引揚問題が国内問題に矮小化されることで忘却される一方で、悲劇性のみが強調されて植民地支配や戦争責任の相対化に利用される危険性を指摘する。こうした歴史修正主義を乗り越えるためにも、一国史の枠組みを超えた立体的で重層的な東アジア史の提示が求められる。

　以上、本書の要点を評者なりにまとめてきた。本書は、個々の地域の引揚をつなぎ、「引揚問題」と「引揚者問題」の両面から、今に至るまでの見取り図を示した。日本植民地教育史研究会会員の多くは、これまで研究を進める中で引揚者と出会ってきたと思われる。私自身、山東省青島の教育史を研究する中で、多くの青島からの引揚者と出会った。彼ら彼女らは、引揚が満洲よりもずっと早かったことを証言していた。しかし、なぜ早かったのかという理由にまでは到達できていなかった。本書によって提示されたマクロな視点を参照することで、満洲引揚体験談の影に隠れていた他地域の引揚に目を向け、歴史的に位置づけ直すきっかけとなるに違いない。そのため本書は、今後引揚研究を行うに当たっての入門書として位置付けられるだろう。

（岩波書店、2020年、296+28頁）

【註】
1　浜井和史『史学雑誌』（第130編第12号、2021年12月）、安岡健一『日本史研究』（713号、2022年1月）、木村健二『歴史評論』（861号、2022年1月）熊本史雄『日本歴史』（887号、2022年4月）など。

IV. 資料紹介

雑誌『受験界』掲載の朝鮮人投稿者による記事一覧

佐藤由美 *

解説

　『受験界』は大正9（1920）年4月、受験界社によって発刊された受験専門雑誌[1]である。発刊の意図は「受験者相互の便益に資するため、試験の総ゆる方面に渉って」情報を届けることにあった。『受験界』が主な読者としたのは、普通文官試験、高等文官試験、裁判所書記試験、それに朝鮮弁護士試験等の受験者であった。学校受験に関する情報も掲載されてはいたが、上級学校への進学資格を得るための「専検」（専門学校入学者検定試験）に関する情報[2]が目立った。普通文官試験や裁判所書記試験を目指していたのは、初等教育機関卒業後、家庭の経済状況から上級学校への進学が叶わず、家業の農業に従事する者、低賃金で不安定な雇用状態にある者で、『受験界』はこうした独学者・苦学者の支えになっていた。高等文官試験や朝鮮弁護士試験の場合も試験にさえ合格すればキャリアアップでき、現状よりも豊かな暮らしに繋がるものと認識されており、既に職に就いている者が『受験界』を頼りに合格を目指していた。

　発刊の意図にあるように、『受験界』に掲載された試験情報は多岐にわたっている。誌面構成[3]は時期によって多少異なるが、①受験業界著名人の論説文、②各種試験の合格者による受験体験記、③読者が投稿した課題文、④各種試験の実施情報、⑤試験問題及び口頭試問の再現、⑥各種試験合格者名等が、ある程度共通した内容となっている。このうち読者に人気の高かったのが、②各種試験の合格者による受験体験記で、合格者の勉強方法、使用した参考書、試験会場の様子、試験に臨む心構え

＊専修大学

などの情報を得て、受験に立ち向かう自身の励みとしていたようである。受験体験記は受験界社が合格者に執筆を依頼して掲載されたものである。体験記の内容は充実しており、文章が整理されていることから、受験体験記自体が受験情報の発信源となるよう、受験界社が執筆内容について注文を出し、文章にも幾分か手を加えたものと推察される。③は受験界社が出した課題に読者が応じ、応募作のうちの数点が毎月掲載されるものである。例えば、14 巻 3 号（1933 年 3 月）には「◇受験文叢五月号課題」として、「自省」（文体随意）、「時局を友に語る」（書簡文）の 2 題と投稿規定が掲載されている。規定によれば、投稿は原稿用紙 2 枚以内で、入賞者には「一円以上三円以内の賞金を贈る」ことになっていた。別枠で高等文官予備試験の模擬論文も掲載された。

　さて、『受験界』各号の目次を見ると、上記②や③に朝鮮人の名前が目立つ。後掲の記事一覧が示すように、受験体験記は延べ 108 名、課題文は延べ 59 名に上る。この数字は朝鮮に『受験界』を必要とする資格認定試験の受験者が多かったことを物語っている。当時、朝鮮には、家庭の経済状況や諸事情で初等教育さえ十分に終えられない人々がいた。中等教育機関も不足しており、一部の進学者を除けば就学先がなかったことも背景にある。受験体験記には、貧乏で希望のない生活から何とか抜け出したいと思い、一念発起して受験資格のある「普通試験」に挑戦したという体験談が複数見られる。彼らは自身にも受験できる資格試験があるということを『受験界』を通じて知った。また、中学校に進学できなかった人々は上級学校への進学資格を得るために「専検」を受験した。こうした朝鮮の状況に対応するためか、受験界社は京城支局（京城府漢江通十五番地）を置いて、課題文の募集や合格者の受験体験記の依頼を朝鮮内で行っていた。現地に支局があることで朝鮮の読者との距離が縮まり、結果として掲載数の多さにも繋がったのではないだろうか。13 巻 1 号（1932 年 1 月）には同支局の和田山年男が「朝鮮弁護士予備試験の資格保留を望む」を発表し、朝鮮弁護士試験の予備試験に一度合格したならば、次年度以降は免除すべきであると主張した。この件について、同じ箇所に「鮮弁背水会」名義の朝鮮総督府への質問項目と朝鮮総督府からの回答が受験生向けに掲載されている。このように『受験界』は試験制度にも精通しており、さまざまなかたち[4]で受験生を応援していた。

朝鮮の独学者にとっては頼もしい存在であったことがうかがえる。

　朝鮮人の受験体験記は当時の受験生に受験情報や激励を送っただけでなく、様々なライフコース、就学の実態があったことも示している。受験体験記の冒頭には略歴を示すことになっていたようで、その部分の記述が大変に興味深い。3点ほど取り上げてみよう。

　宋秉巳「精神一到何事不成 - 朝鮮普文受験記 -」（15巻7号）には、「士族の家に生れ且貧困にして普通学校（内地の小学校）に入学することも出来ず、十四歳の時迄家庭に於て漢文を学習して居」たものの、「是非共新知識が必要」と感じ、普通学校の二年生に入学、三年生の範囲を自宅学習で補い四年生に編入、四年制の普通学校を二年で卒業した後、五年生の範囲を自宅学習で補ったことが校長に認められ、六年制の普通学校の六年生に編入して卒業したという経歴が示されている。この事例からは学齢期を過ぎて入学してきた少年に、校長が臨機応変に「飛び級」を認めていたことがわかる。忠清南道大田郡でのことである。

　朴燦一「珠玉を抱いて朽つる勿れ（朝鮮弁護士受験記）- 青壮年学徒に与ふ -」（15巻12号）では、進路開拓の様子が次のように語られた。「小学すら家庭の事情で卒業出来ず四年を修了して商店の小僧となり、其後転じて母校の給仕を勤めその間の貯金が百円近くになった」のを機に京城工業学校に入学するが「職工になるのが関の山」と見定め退学、高等普通学校、師範学校を経て母校の普通学校訓導となり、四年弱勤務した後、貯金と退職金を資金に東京へ向かう。「東京に来てから憧れの早稲田に入って居たが学資の都合で中大に移りさらに転じて日大の法科に変へ苦闘四ヶ年日大法科卒業を一年の後に置いて学資よりも主として家庭の事情のために帰鮮のやむなきに至った」とある。朝鮮弁護士試験は朝鮮に戻って再び訓導となってから受験するのだが、「内地」での学資が理由の大学移動や普通学校での再雇用の事例を伝えてくれる。

　曺在千「曰く「精神的不具者たる勿れ」＝高等予備試験までの足跡を語る＝」（20巻7号）は、光州高等普通学校を卒業した後、大邱師範学校講習科を修了、教員試験第一種試験に合格して普通学校の教員をしながら、朝鮮普文、高等予備試験に合格した体験談だが、全羅北道で二番目に大きい学校であったという南原普通学校の教員の多忙ぶりが記されている。「朝は他の官公署の人々よりズット早く出勤し、夜は其等の人々が

夕食をとうに終へてラヂオのニュースを楽しんでゐる頃に、私は心身綿の如く疲れて帰るのであった。教案、宿題、平素考査、学期考査…（中略）休暇とは殆んど名ばかり、ユックリ休めるのは幾日も無い。普通学校の中でも南原校の繁忙さは一寸他人の想像以上で「知る人ぞ知る」と言ふ所だらう」とあり、地域のパイロットスクールの相当に多忙な勤務状態を知ることができる。

　後掲の一覧中の記事ではないが、「各種試験合格者名」にも朝鮮人名が散見される。鹿児島県裁判所書記の登用試験合格者には宋昌協（9巻10号）、大分県裁判所書記の合格者には金達寅（13巻2号）、広島地方裁判所書記登用試験合格者には李俊植、金英煥、宋寅直、李鐘齢、李圭弘、金大鳳の6名が名を連ねている。このうち李俊植は受験体験記も寄稿（16巻7号）しており、在「内地」朝鮮人ではなく朝鮮からの受験生であったことがわかる。

　このように『受験界』は、「内地」よりも様々な面で過酷な条件にあった朝鮮人の独学・苦学の友であると同時に、将来を開拓しようと必死に奮闘した彼らの勇姿を伝える媒体でもあった。先にも触れたが、投稿記事には当時の朝鮮の学校状況、進路選択の背景に関する記述が多数あり、植民地教育史研究での活用が期待されるものである。

　最後に後掲の記事一覧の作成方法について説明しておきたい。一覧は教育ジャーナリズム史研究会『教育関係雑誌目次集成　第Ⅲ期・人間形成と教育編』の第18巻・第19巻を利用し、目次から朝鮮人名の記事を抽出して作成した。台湾人読者からの投稿もあったが、名前の上に投稿者の居住地が都道府県で示されることが多く、朝鮮の場合、京城や平壌等の表記が若干見られたものの、殆どは「朝鮮」と示されていた。朝鮮在住の日本人による記事もあったがここでは取り上げなかった。但し、1939年以後は「創氏改名」が考えられるため、本文の内容から朝鮮人か否かを判断した。受験体験記には経歴が書かれている記事が多かったが、判断材料がない場合は日本風な名前であってもそのまま掲載することにした。ペンネームでの投稿も同様である。

　記事本文は専修大学図書館を通じて『受験界』を所蔵する各研究機関の協力により収集した。目次と本文を照合してみると、記事タイトルが若干異なっていたり、人名漢字や頁数が誤っていたりすることもあった。

そのような場合は本文に記載された記事タイトル、人名等を優先することにした。尚、記事本文を収集した 2021 年度は Covid-19 の感染拡大の影響で資料調査に制限があり、各研究機関に資料複写のご協力をいただかなければ一覧の作成は成し得なかった。関西大学、京都大学、神戸大学、一橋大学、北海道大学、早稲田大学、そして専修大学の図書館関係者の皆様に感謝したい。また、『受験界』各号の全体の閲覧はできていないため、一覧は「稿」として掲載することにした。

　尚、本稿は JSPS 科研費（17K04573）の研究成果の一部である。

【註】

1　『受験界』の書誌情報は、教育ジャーナリズム史研究会『教育関係雑誌目次集成　第Ⅲ期・人間形成と教育編』（日本図書センター、1991 年）第 33 巻所収の「各誌解題」43-44 頁、および菅原亮芳編『受験・進学・学校　近代日本教育雑誌にみる情報の研究』学文社、2008 年、113-115 頁、菅原亮芳『近代日本における学校選択情報 - 雑誌メディアは何を伝えたか -』学文社、2013 年、341-343 頁を参照されたい。

2　『受験界』の専検情報については、菅原亮芳の上掲書「『受験界』-「専検」合格体験記の整理を手がかりに -」(2008 年、107-138 頁、第 1 章第 4 節)、および「『受験界』が伝えた「専検」と受験者・合格者」（2013 年、335-365 頁、第 6 章）に詳しい。

3　創刊号（1920 年 4 月）の誌面構成は、講話、研究、模範答案、講評と注意、最近問題、最新学説、雑俎であったが、2 巻 1 号（1921 年 1 月）では、巻頭文に続き、受験の研究、試験委員より - 採点の実際 -、受験者より - 受験の実際 -、思ひ出ゆかしき奮闘の跡となる。さらに 10 巻 3 号（1929 年 3 月）では、巻頭文に続き、委員の指導と先輩の体験、問題の研究と答案の構成、最近の試験と問題、受験相談・消息・雑纂となっており、読者参加型の「受験奮闘実録」「受験文叢」のコーナーにより、一層実際的な受験情報誌となっていった。

4　『受験界』では「質問規定」（24 巻 2 号、139 頁）や「受験顧問」（24 巻 4 号、85 頁)、「受験のための仮住所取扱規定」(24 巻 8 号、33 頁)等を通じ支援を行っていた。「質問規定」は各号の「質問券」を利用した受験生からの質問に誌上で回答するもの、「受験顧問」は 1 人 1 回 1 件のルールで受験生からの質問に回答するもの（料金 2 円）、「仮住所取扱規定」は受験に必要な東京都内又は附近の仮住所を本社内に設定し、受験生の便宜を図るもの（料金 2 円）だった。

【付記】

本稿投稿後に、『受験界』の記事を分析した以下の 2 論文が韓国で発表された。李明實「수험계 (受験界) 의 구성 및 성격　－식민지 관련 정보를 중심으로－ (『受験界』の構成と性格　－植民地に関する情報の特徴を中心に－)」『日本学

研究』第 67 輯（2022 年 9 月、85-104 頁）
李明實「자격시험 정보지『수험계』에 관한 일 고찰：조선인 합격자의 체험
기 분석을 중심으로（資格試験情報誌『受験界』に関する一考察：朝鮮人合格
者の体験記を中心として）」『韓国日本教育学研究』27 巻 3 号（2022 年 10 月、
51-72 頁）

（1）雑誌『受験界』掲載の朝鮮人投稿者による〈受験体験記〉一覧（稿）

	年号年	西暦年	月	日	巻号数	題目	著者	所収欄	開始頁	備考
1	大正10	1921	1	1	2巻1号	朝鮮生れ金サンの弁護士及第		思ひ出ゆかしき奮闘の跡	45	
2	大正10	1921	2	1	2巻2号	朝鮮生れとしての私が弁護士試験及第感想記	金秉愚	受験者より	50	大正九年十二月及第者
3	大正10	1921	3	1	2巻3号	朝鮮生れとしての私が弁護士試験及第感想記(2)	金秉愚	受験の実感	43	昨冬及第者弁護士
4	大正10	1921	4	1	2巻4号	朝鮮生れとしての私が弁護士試験及第感想記(3)	金秉愚	受験記	43	昨冬及第者弁護士
5	大正13	1924	12	1	5巻12号	螻蟻閲歳之感	文夔善	主張と講評	4	大正十三年度朝鮮弁護士登録者
6	大正14	1925	1	1	6巻1号	朝鮮弁護士試験に合格して	文夔善	受験奮闘録	68	朝鮮
7	昭和2	1927	1	10	8巻1号	朝鮮弁護士受験雑感と余の実際答案	洪兢植	受験奮闘録	65	大正十五年度合格者
8	昭和3	1928	1	1	9巻1号	朝鮮弁護士試験に合格して	曺圭璜	受験奮闘実録	49	昭和二年度合格者
9	昭和4	1929	11	1	10巻11号	朝鮮普通試験受験記	朴顕斗	受験奮闘実録	61	昭和四年度合格者
10	昭和5	1930	2	1	11巻2号	朝鮮弁護士試験の実際	韓世復	受験奮闘実録	57	昭和四年度合格者
11	昭和5	1930	4	1	11巻4号	独学で朝鮮弁護士試験を突破するまで	金龍式	受験奮闘実録	68	昭和四年度合格者
12	昭和5	1930	11	1	11巻11号	高等試験司法科に合格して	金英煥	受験奮闘実録	46	昭和四年度合格者
13	昭和5	1930	12	1	11巻12号	朝鮮普通試験受験感想	MN生	受験奮闘実録	95	昭和五年度合格者
14	昭和6	1931	11	1	12巻11号	普文から予備への試験巡礼	楊埜桂	受験奮闘実録	76	本年度合格者
15	昭和6	1931	12	1	12巻12号	朝鮮弁護士試験に合格して	趙南石	受験奮闘録	43	本年度合格者京城
16	昭和7	1932	1	1	13巻1号	不撓不屈行政科及司法科合格記	崔成坤	受験奮闘録	40	六年度両科合格者

	年号年	西暦年	月	日	巻号数	題目	著者	所収欄	開始頁	備考
17	昭和7	1932	1	1	13巻1号	朝鮮普文戦術	金鉉九	受験奮闘録	155	六年度合格者京城
18	昭和7	1932	2	1	13巻2号	十八歳で裁書に恵まる、迄	金達寅	受験奮闘録	99	六年度合格者釜山
19	昭和7	1932	3	1	13巻3号	高等試験行政科受験記	崔秉源	受験奮闘録	46	六年度合格者東京
20	昭和7	1932	7	1	13巻7号	一年の憂を忘れる弁理士試験合格	辛未生	受験奮闘録	54	六年度合格者大阪
21	昭和7	1932	12	1	13巻12号	自己宣誓の第一課を果す	元福基	受験奮闘録	89	黄海道
22	昭和8	1933	1	1	14巻1号	零下二十度の地に普文征服	韓興務	受験奮闘録	160	朝鮮
23	昭和8	1933	2	1	14巻2号	予試の一嶺を越えて	車潤弘	受験奮闘録	82	朝鮮
24	昭和8	1933	4	1	14巻4号	普通試験の合格を追憶して	李永培	受験奮闘録	153	朝鮮
25	昭和8	1933	8	1	14巻8号	朝鮮普通試験受験記	金永千	受験奮闘録	95	昭和七年度合格者 朝鮮
26	昭和8	1933	9	1	14巻9号	普文合格への途	金化壽	受験奮闘録	93	七年度合格者朝鮮
27	昭和8	1933	10	1	14巻10号	講義録による普文合格記	李朕龍	受験奮闘録	153	七年度合格者朝鮮
28	昭和8	1933	12	1	14巻12号	普文より朝鮮弁護士試験合格迄	姜柄順	受験奮闘實録	65	本年度合格者朝鮮
29	昭和8	1933	12	1	14巻12号	普文受験体験並諸注意	高米蔵	受験奮闘實録	98	本年度合格者朝鮮
30	昭和9	1934	1	1	15巻1号	斯くしして普文に恵まる	李巳男	受験奮闘実録	162	昭和八年度合格者 朝鮮
31	昭和9	1934	4	1	15巻4号	自己開拓の道を求めて（朝鮮普文）	金致漸	受験奮闘実録	158	朝鮮
32	昭和9	1934	5	1	15巻5号	同志よ進め普文に -苦難の後に来るもの-	趙判岩	受験奮闘実録	104	八年度合格者朝鮮
33	昭和9	1934	5	1	15巻5号	朝鮮普文口述戦の実況	黄致圭	受験奮闘実録	109	八年度合格者朝鮮
34	昭和9	1934	6	1	15巻6号	口述試験想ひ出の記	宋相哲	受験奮闘実録	107	八年度合格者京城
35	昭和9	1934	7	1	15巻7号	精神一到何事不成 -朝鮮普文受験記 -	宋秉巳	受験奮闘実録	161	八年度合格者朝鮮
36	昭和9	1934	9	1	15巻9号	普文の口述戦に備へよ -朝鮮普文の体験-	車載徳	口述突破実戦記	106	八年度合格者朝鮮
37	昭和9	1934	9	1	15巻9号	激務の傍ら普文に雪辱す -朝鮮普文受験の記 -	金聲玉	受験奮闘体験実録	108	八年度合格者朝鮮
38	昭和9	1934	11	1	15巻11号	高文行政科受験短篇	金禮鎔	各種試験体験実録	57	八年度合格者朝鮮

	年号年	西暦年	月	日	巻号数	題目	著者	所収欄	開始頁	備考
39	昭和9	1934	12	1	15巻12号	珠玉を抱いて朽つる勿れ(朝鮮弁護士受験記)-青壮年学徒に与ふ-	朴燦一	各種試験体験実録	52	本年度合格者 朝鮮
40	昭和9	1934	12	1	15巻12号	朝鮮普文に合格して-故花井卓蔵先生の霊に捧ぐ-	梁徳杓	各種試験体験実録	95	本年度合格者 朝鮮
41	昭和10	1935	4	1	16巻4号	普通学校教員より弁護士へ-独学奮闘の実際-	朴鉉珏	各種試験受験体験実録	96	朝鮮
42	昭和10	1935	4	1	16巻4号	朝鮮普文戦を語る-独立独歩に道は拓かる-	李範世	各種試験受験体験実録	171	朝鮮
43	昭和10	1935	5	1	16巻5号	朝鮮普文に向はる、諸君に-及落の岐路に立つ者へ-	李雄世	各種試験受験実記	95	京城
44	昭和10	1935	7	1	16巻7号	広島裁書に凱歌を挙げて-過去を回顧する-	李俊植	各種試験体験実録	158	朝鮮
45	昭和10	1935	7	1	16巻7号	希望は青春の生命-朝鮮普文戦の回顧-	宋道永	各種試験体験実録	163	朝鮮
46	昭和10	1935	8	1	16巻8号	普通試験に向はる、諸君に	崔庚得	各種試験体験実録	74	朝鮮
47	昭和11	1936	1	1	17巻1号	朝鮮弁護士試験に凱歌を挙ぐる迄-後進諸子に贈る-	朴天一	各種試験受験体験実録	92	昭和十年度合格者 朝鮮
48	昭和11	1936	4	1	17巻4号	朝鮮弁護士試験口述の実際	朴元三	口述突破実戦記	100	昭和十年度合格者 東京
49	昭和11	1936	4	1	17巻4号	荊棘の道を顧みて-朝鮮普文体験記-	全元泰	各種試験受験体験実録	159	昭和十年度合格者 朝鮮
50	昭和11	1936	9	1	17巻9号	朝鮮弁護士試験に応試せんとする諸君に	金埈源	高等各科受験体験実録	82	昭和十年度合格者 朝鮮
51	昭和11	1936	12	1	17巻12号	高等予試に奮進する諸兄に呈す-合理的勉学法は準備期間を短縮す-	金元泰	各種試験合格者受験体験実録	86	朝鮮
52	昭和12	1937	3	1	18巻3号	予備試験合格の体験から-行け高文の峻嶺に-	李鐘極	各種試験合格者の語る体験記	123	十一年度合格者 朝鮮
53	昭和12	1937	4	1	18巻4号	独学・朝鮮普文を制す	呉世権	各種試験合格者の語る体験記	169	十一年度合格者 朝鮮

	年号年	西暦年	月	日	巻号数	題目	著者	所収欄	開始頁	備考
54	昭和12	1937	6	1	18巻6号	進め若人 艱難と嘲笑にめげずに	李成柱	各種試験合格者の語る体験記	130	朝鮮普文合格者 京城
55	昭和12	1937	10	1	18巻10号	習字文検回顧と佳良證明	朴容勤	各種試験合格者の語る体験記	165	習字科合格者 朝鮮
56	昭和13	1938	2	1	19巻2号	朝鮮普文印象記 -努力は天才なり-	崔大鎔	各種試験合格者の語る体験記	124	朝鮮
57	昭和13	1938	9	1	19巻9号	希望の第一階梯高文予試を征服す	李孝漸	各種試験合格者の語る体験手記	117	本年度合格者 朝鮮
58	昭和13	1938	12	1	19巻12号	普通試験の受験者へ-体験を披歴して後進に与ふ-	李忠斌	各種試験受験体験手記	93	本年度合格者 朝鮮
59	昭和14	1939	1	1	20巻1号	朝鮮普文合格の体験	宗洙欽	各種試験合格者の語る体験手記	128	十三年度合格者 朝鮮
60	昭和14	1939	2	1	20巻2号	普通試験に向はんとする諸君に -朝鮮普文合格の体験から-	金英振	各種試験合格者の語る体験手記	108	十三年度合格者 朝鮮
61	昭和14	1939	3	1	20巻3号	受験三部曲	姜柄順		80	司法科合格者
62	昭和14	1939	3	1	20巻3号	普通試験に向はんとする諸君に(二)-朝鮮普文合格の体験から-	金英振	各種試験合格者の語る体験手記	109	十三年度合格者 朝鮮
63	昭和14	1939	4	1	20巻4号	受験三部曲(二・完)	姜柄順		118	司法科合格者
64	昭和14	1939	4	1	20巻4号	高等予備試験準備に就て-中学卒業より合格迄-	裴德煥	栄冠を目指す人々に	136	十三年度合格者 大阪
65	昭和14	1939	4	1	20巻4号	警察勤務の側ら朝鮮普文に合格	洪炳煕	栄冠を目指す人々に	141	十三年度合格者 朝鮮
66	昭和14	1939	5	1	20巻5号	朝鮮専検受験者に告ぐ-内地受験と勉学法に就て-	金桐寅	栄冠を目指す人々に	106	十三年度合格者 朝鮮
67	昭和14	1939	7	1	20巻7号	曰く「精神的不具者たる勿れ」-高等予備試験迄の足跡を語る-	曺在千	栄冠を目指す人々に	150	十三年度合格者 朝鮮
68	昭和14	1939	9	1	20巻9号	朝鮮普文合格の体験から	金培源	栄冠を目指す人々に	109	十三年度合格者 朝鮮総督府鉄道局
69	昭和14	1939	10	1	20巻10号	苦杯を嘗めし友に與ふ	金洪爕		152	

	年号年	西暦年	月	日	巻号数	題目	著者	所収欄	開始頁	備考
70	昭和14	1939	10	1	20巻10号	朝鮮普文征覇の体験	金景錫	栄冠を目指す人々に	158	十三年度合格者　慶北浦項警察署
71	昭和14	1939	11	1	20巻11号	普文口述試験の実際	李玩洙	口述試験問答の実際	66	十三年度合格者　朝鮮
72	昭和14	1939	11	1	20巻11号	受験体験記を無二の刺激剤として普文征覇への行進譜	金在熊	栄冠を目指す人々に	102	十三年度合格者　朝鮮
73	昭和14	1939	12	1	20巻12号	普文口述試験の実際（二）-納税命令強制権等々の試問実記-	李洙玩	普通試験口述問答体験録	104	十三年度合格者　朝鮮
74	昭和14	1939	12	1	20巻12号	法人・地方団体・公共組合等々の試問実記	朴有植	普通試験口述問答体験録	105	十三年度合格者　京城
75	昭和14	1939	12	1	20巻12号	公共団体・公益法人等々の試問実記	李昌烈	普通試験口述問答体験録	109	十三年度合格者　朝鮮
76	昭和14	1939	12	1	20巻12号	私の採った普通試験勉学法	康鳳済	栄冠を目指す人々に	102	十四年度合格者　京城
77	昭和15	1940	1	1	21巻1号	普文合格より高文を目指して高等予備試験への足跡を顧る	盧九鉉	栄冠を目指す人々に	137	十四年度合格者　朝鮮
78	昭和15	1940	1	1	21巻1号	境遇に応じて善処すべし-先輩に謝し後進同志に告ぐ-	李昌來	朝鮮普文受験指針	152	朝鮮普文合格者
79	昭和15	1940	1	1	21巻1号	勉学態度の再検討-普遍的勉学法の提唱-	車秉珏	朝鮮普文受験指針	154	朝鮮普文合格者
80	昭和15	1940	1	1	21巻1号	友人の受験記に励まさる-警察勤務中の体験-	趙熙述	朝鮮普文受験指針	156	朝鮮普文合格者
81	昭和15	1940	2	1	21巻2号	朝鮮普文受験指針（承前）-警察勤務中の体検-前号続	趙熙述	栄冠を目指す人々に	107	
82	昭和15	1940	5	1	21巻5号	普通試（前号続）験志望の同志へ-朝鮮普文合格の体験から-	金善経	栄冠を目指す人々に	108	十四年度合格者　朝鮮
83	昭和15	1940	6	1	21巻6号	朝鮮普通試験受験記	中村麟児	栄冠を目指す人々に	101	
84	昭和15	1940	7	1	21巻7号	司法科の堅塁を破りて受験生活上に於ける数々の感想	林炳章	本年度高文戦を目指す人々へ	40	十四年度合格者　東京

	年号年	西暦年	月	日	巻号数	題目	著者	所収欄	開始頁	備考
85	昭和15	1940	7	1	21巻7号	朝鮮普文合格の体験―初陣最年少合格の栄冠を擔ふ	李栢乎	栄冠を目指す人々に	147	十四年度合格者　慶北
86	昭和15	1940	7	1	21巻7号	病魔を克服して聖戦に向ふの記	朴斌緒	口述試験の実相	162	十四年度合格者　朝鮮
87	昭和15	1940	8	1	21巻8号	普文攻略を目指す諸氏へ-私の体験と合格者の感想-	権炳祚	栄冠を目指す人々に	99	十四年度合格者　朝鮮
88	昭和15	1940	8	1	21巻8号	口述試験質問要旨数項	鞠忠源	口述の実相	111	十四年度合格者　朝鮮
89	昭和15	1940	10	1	21巻10号	勝利は細心の注意力に在り-朝鮮普文準備法を語る-	李庚完	栄冠を目指す人々に	143	十四年度合格者　朝鮮
90	昭和15	1940	11	1	21巻11号	勝利は細心の注意力に在り（二）-朝鮮普文準備法を語る-（前号続）	李庚完	栄冠を目指す人々に	93	十四年度合格者　朝鮮
91	昭和15	1940	11	1	21巻11号	朝鮮普文口述の実際	崔済民	口述実相	86	十四年度合格者　朝鮮
92	昭和16	1941	1	1	22巻1号	朝鮮普文攻略陣-私の体験から語る-	真田香村	栄冠を目指す人々に	120	十五年度合格者　朝鮮
93	昭和16	1941	2	1	22巻2号	高等予備の試験準備と参考書	南相文	栄冠を目指す人々に	95	十五年度合格者　朝鮮
94	昭和16	1941	5	1	22巻5号	中学を卒へて予備試験に向ふ方々へ-私の経歴と受験準備に就て-	李忠煥	栄冠を目指す人々に	90	十五年度合格者　朝鮮
95	昭和16	1941	6	1	22巻6号	宿敵朝鮮普文を屠るの記-準備法と実践の状況-	金海暁星	栄冠を目指す人々に	95	十五年度合格者　黄海道
96	昭和16	1941	7	1	22巻7号	よくぞ戦つた過去の思出-後進に捧ぐ私の体験録-	朴斌緒	朝鮮普文を目指す人々へ	107	十四年度合格者　朝鮮
97	昭和16	1941	8	1	22巻8号	国家最高峰突破道中記	黄宗焜	高文受験生活	53	十四年度合格者　東京
98	昭和16	1941	8	1	22巻8号	朝鮮普通試験受験記	吉山誠一郎	栄冠を目指す人々に	83	朝鮮普文合格者
99	昭和16	1941	9	1	22巻9号	今は懐かしき受験生活（専検から司法科へ）	久國生	高文受験生活を顧る	68	十五年度合格者　朝鮮平壌
100	昭和17	1942	3	1	23巻3号	怠らず急がず道は一筋!-高文司法科の高嶺を越えて-	金上容晋	高文受験生活を顧る	78	朝鮮

	年号年	西暦年	月	日	巻号数	題目	著者	所収欄	開始頁	備考
101	昭和17	1942	3	1	23巻3号	朝鮮普文を志す人々に贈る	昌山文輔	栄冠を目指す人々に	110	朝鮮
102	昭和17	1942	4	1	23巻4号	朝鮮弁護士試験感想記	石川萬瀬	高文受験生活を顧る	69	朝鮮
103	昭和17	1942	6	1	23巻6号	予試突破の記	龍嘯一	栄冠を目指す人々に	115	朝鮮
104	昭和18	1943	2	1	24巻2号	不撓不屈の信念に燃えて	池本原鎬	栄冠を目指す人々に	113	大阪
105	昭和18	1943	4	1	24巻4号	専検合格の跡を顧みて	上原信班	栄冠を目指す人々に	82	朝鮮
106	昭和18	1943	5	1	24巻5号	雌伏三年の苦心回顧	清岡文雄	朝鮮普通試験受験記	83	昭和十七年度合格者
107	昭和18	1943	9	1	24巻9号	忍従三ヶ年遂に凱歌揚る-朝鮮普文の体験から-	海野洋	栄冠を目指す人々に	64	十七年度合格者　朝鮮
108	昭和18	1943	12	1	24巻12号	高文の第一嶺を越えて	金谷根厚	高文受験生活を顧る	34	朝鮮

（2）雑誌『受験界』掲載の朝鮮人投稿者による〈課題論文〉一覧（稿）

年号年	西暦年	月	日	巻号数	題目	所収欄	開始頁	備考
昭和3	1928	6	1	9巻6号	日本国民性を論ず	受験文叢	98	朝鮮
昭和5	1930	8	1	11巻8号	〔論文〕帝国主義を論ず	受験文叢	105	朝鮮
昭和5	1930	8	1	11巻8号	〔記事文〕職業	受験文叢	106	朝鮮
昭和7	1932	5	1	13巻5号	勇気を論ず	高等予備試験模擬論文答案	39	誌友
昭和7	1932	5	1	13巻5号	満洲	受験文叢	105	平壌
昭和7	1932	8	1	13巻8号	友の誤解を解く	受験文叢	114	平壌
昭和7	1932	10	1	13巻10号	先輩へ満洲事変の回顧	受験文叢	182	朝鮮
昭和8	1933	2	1	14巻2号	社会と個人	受験文叢	108	平壌
昭和8	1933	3	1	14巻3号	「受験界」の購読を友に勧む	受験文叢	114	平北
昭和8	1933	10	1	14巻10号	宇宙	受験文叢	172	釜山
昭和8	1933	12	1	14巻12号	忠孝	受験文叢	111	朝鮮
昭和9	1934	1	1	15巻1号	指導精神	受験文叢	180	朝鮮
昭和9	1934	2	1	15巻2号	建国祭	受験文叢	110	釜山
昭和9	1934	3	1	15巻3号	桜花を讃ふ	受験文叢	110	朝鮮
昭和9	1934	9	1	15巻9号	我国産業界の現状を論ず	高等予備試験模擬論文答案	45	朝鮮

年号年	西暦年	月	日	巻号数	題目	所収欄	開始頁	備考
昭和 9	1934	12	1	15 巻12 号	宗教運動の勃興を論ず	高等予備試験模擬論文答案	39	朝鮮
昭和 10	1935	3	1	16 巻3 号	旅行	受験文叢	110	朝鮮
昭和 10	1935	4	1	16 巻4 号	花見に友を招く文	受験文叢	185	朝鮮
昭和 10	1935	5	1	16 巻5 号	入学試験の緩和策を論ず	高等予備試験模擬論文	45	朝鮮
昭和 10	1935	5	1	16 巻5 号	我国民の長所と短所	受験文叢	98	朝鮮
昭和 10	1935	5	1	16 巻5 号	我国民の長所と短所	受験文叢	99	朝鮮
昭和 10	1935	6	1	16 巻6 号	官吏の本分	受験文叢	94	朝鮮
昭和 10	1935	7	1	16 巻7 号	入営せる友に送る文	受験文叢	169	京城
昭和 10	1935	8	1	16 巻8 号	我が商工業の将来を論ず	高等予備試験模擬論文	40	朝鮮
昭和 10	1935	9	1	16 巻9 号	統制経済の将来を論ず	高等予備試験模擬論文	51	朝鮮
昭和 10	1935	11	1	16 巻11 号	我国労働運動の現状を論ず	高等予備試験模擬論文	52	朝鮮
昭和 10	1935	11	1	16 巻11 号	酒	受験文叢	101	朝鮮
昭和 11	1936	1	1	17 巻1 号	国民生活の安定を論ず	高等予備試験模擬論文	65	朝鮮
昭和 11	1936	3	1	17 巻3 号	故郷	受験文叢	102	朝鮮
昭和 11	1936	4	1	17 巻4 号	社会人心の善導を論ず	高等予備試験模擬論文	84	朝鮮
昭和 11	1936	5	1	17 巻5 号	軍縮会議の決裂を論ず	高等予備試験模擬論文	68	朝鮮
昭和 11	1936	6	1	17 巻6 号	国民の参政権を論ず	高等予備試験模擬論文	56	朝鮮
昭和 11	1936	7	1	17 巻7 号	社会教育の徹底化を論ず	高等予備試験模擬論文	78	朝鮮
昭和 11	1936	9	1	17 巻9 号	官界刷新の方策を論ず	高等予備試験模擬論文	56	朝鮮
昭和 11	1936	11	1	17 巻11 号	人生と科学	受験文叢	102	平北
昭和 12	1937	3	1	18 巻3 号	正義を讃ふ	受験文叢	134	朝鮮
昭和 12	1937	4	1	18 巻4 号	病床の友へ	受験文叢	178	朝鮮
昭和 12	1937	5	1	18 巻5 号	植民地に於ける文化の向上を論ず	高等予備試験模擬論文模範答案	46	朝鮮
昭和 12	1937	10	1	18 巻10 号	国民体位の向上を論ず	高等予備試験模擬論文模範答案	70	朝鮮
昭和 13	1938	3	1	19 巻3 号	支那事変に対する欧米の態度を論ず	高等予備試験模擬論文模範答案	74	朝鮮
昭和 13	1938	4	1	19 巻4 号	国民精神総動員を論ず	高等予備試験模擬論文答案	114	朝鮮
昭和 13	1938	11	1	19 巻11 号	農村の銃後施設を論ず	高等予備試験模擬論文模範答案	67	朝鮮

年号年	西暦年	月	日	巻号数	題目	所収欄	開始頁	備考
昭和13	1938	11	1	19巻11号	大亜細亜主義を論ず	高等予備試験模擬論文模範答案	69	朝鮮
昭和13	1938	12	1	19巻12号	現下欧洲政局の動向を論ず	高等予備試験模擬論文模範答案	69	朝鮮
昭和14	1939	1	1	20巻1号	傷兵保護の方策を論ず	高等予備試験模擬論文模範答案	94	朝鮮
昭和14	1939	5	1	20巻5号	入学難緩和の方策を論ず	高等予備試験模擬論文答案	73	朝鮮
昭和15	1940	4	1	21巻4号	食料資源の開発を論ず	高等予備試験模擬論文	98	朝鮮
昭和15	1940	5	1	21巻5号	日英関係の新動向を論ず	高等予備試験論文標準答案	80	朝鮮
昭和15	1940	7	1	21巻7号	所謂闇取引を論ず	第四十六回誌上模擬試験論文模範答案発表	96	朝鮮
昭和16	1941	4	1	22巻4号	東亜共栄圏の確立を論ず	高等予備試験模範論文答案	88	朝鮮
昭和16	1941	8	1	22巻8号	日支和平工作を論ず	高等予備試験模範論文答案	63	朝鮮
昭和16	1941	11	1	22巻11号	帝国外交の将来を論ず	高等予備試験模範論文答案	106	朝鮮
昭和17	1942	2	1	23巻2号	防空対策を論ず	高等予備試験模範論文答案	101	朝鮮
昭和17	1942	4	1	23巻4号	貯蓄の増強を論ず	高等予備試験模範論文答案	76	朝鮮
昭和17	1942	5	1	23巻5号	戦時下の生活規制を論ず	高等予備試験模範論文答案	85	朝鮮
昭和18	1943	4	1	24巻4号	共栄圏民族の融和を論ず	高等予備試験論文答案	51	朝鮮
昭和18	1943	5	1	24巻5号	成功を論ず	高等予備試験模範論文答案	68	朝鮮
昭和18	1943	11	1	24巻11号	官吏任用制度を論ず	高等予備試験模範論文答案	38	朝鮮
昭和19	1944	3	1	25巻3号	家族制度を論ず	高等予備試験模範論文答案	37	朝鮮

V. 旅の記録

台中の西屯小学校を訪れて
——創設期の謎を解くため——

陳虹彣 *

　2年半ぶりに台湾での調査を再開した。台南で1週間の隔離と自主健康管理を終え、ホテルを出た翌日に早速最初の訪問校「台中市西屯区西屯国民小学」（写真1）へ向かった。台湾高鐵（高速鉄道）台中駅から車で10-15分ほど着くところで、現在台中で最も人気の観光スポットである逢甲大学商圏周辺に位置している小学校である。学校の正門付近に日本統治期の地名である「西大墩街」が書かれている石柱も設置されてる（写真2）。

（写真1）

（写真2）

＊平安女学院大学

　訪問した日は夏休み終了直前の登校日だったので、児童たちがワイワイと校舎内を掃除していた。校長先生に案内していただいた校史室は図書館のある立派な建物の中に設置されている。入り口の前に新学期の教科書を受け取りに来ている小学生たちでにぎわっていたが、普段校史室に入る人はあまりいないそうである。

　現在の西屯国民小学は日本統治期からある学校であり、1904 年 4 月 10 日に「西大墩公学校」として設置認可を受けた。1921 年 5 月 9 日に「西屯公学校」に変更し、1941 年 4 月 1 日からは国民学校制度の施行により「西屯国民学校」になった。ただし、事前調査の時、学校の公式ホームページに分校の記録があることや、総督府文書に「堪雅公学校西大墩分校設置申請（不認可）」[1] の書類が残されていることが判明した。分校時期はあったかどうかを含め、現地調査で疑問点を解明する手掛かりを見つけたいと思っていた。

　広い校史室には公学校時期から使用されていた机が数台置かれており、古い資料は壁のガラス扉の棚に保管されている。校史室の所蔵品を確認して分かったのは、まず当時の学校文書はほぼ全てなくなっている。学校の沿革に関する記録は大正期にまとめられた「本校教育一覧」及び戦後作成された学校の年度報告書のみであった。戦後の学校沿革誌も便箋数枚分 (1962 年 5 月まで) 保管されているが、様式などからは戦前日本統治時期の沿革誌の仕様に影響を受けていると推測できる。

　「本校教育一覧」はパンフレットのような四つ折りの小冊子であり、現在唯一残されている日本語の資料である。沿革の部分は大正 12 年 9 月までの記録があるため、おそらく大正 12 年度か 13 年度に作成されたものであろう。この一覧によれば、西屯公学校は「明治三十七年四月十日ヲ以テ元堪雅公学校分教場[2] トシテ収容シタル当区域ヲ分離シテ当校設立ヲ認可セラレ修業年限六ケ年当時児童数男八十八名女十名之ヲ二学級ニ編制シテ同四月二十日ヨリ授業ヲ開始シタ」とあるが、分校の設置日及び詳細について触れなかった。

　一方、戦後の資料数点[3] では分校のことについていくつかの記録が残されており、内容をまとめると、創設期からの学校沿革は次のとおりとなる。

　1898（明治 31）年　西屯庄は塓雅公学校学区に入られる。

　1903（明治 36）年 4 月 8 日　郡署が廖有南等十数名を塓雅公学校西
　　大墩分教場創立委員として任命し、西大墩街廖心国の住宅を改修
　　して臨時教室として使用。塓雅公学校西大墩分校を創設。

　1903（明治 36）年 10 月 4 日　塓雅公学校西大墩分校の開校式を行う。
　　男子生徒 107 名、女子生徒 8 名、計 115 名。

　1904（明治 37）年 10 月 4 日　西大墩公学校として独立

　1921（大正 10）年 5 月 9 日　西屯公学校に改名

　1941（昭和 41）年 4 月 1 日　西屯国民学校に変更

　分校の設置について最初に触れられたのは 1970 と 1971 年度の学校年
度報告書であるが、廖有南等の創立委員について最初に言及したのは
1973 年の 70 周年記念誌であった。ちなみに、廖有南は当時西大墩の名
士で地方教育事業にも熱心であり、1904 年西大墩公学校の創設にも大き
く貢献したことは地方史の研究で明らかにされている[4]。なお、1990 年
の「台中市西屯国民小学沿革」には 1909 年 3 月に 1 期生 3 名卒業との記
録があり、6 年制の公学校なので、分校時期の入学生を 1 期生として数
えていることがわかる。

　上記の資料からは、本校として独立する前に、西大墩公学校は確かに
塓雅公学校の分校として運営されていた。では、総督府文書に残されて
いる「不認可」の内議申請資料は何であろう。

　まずは申請書類の内容をみてみよう。文書の内容は主に 3 つの部分が
あり、台中庁長が出した設置計画書、総務局学務課による内議書、財務
局による最終結果の回答である。時系列でみていくと、1903 年 6 月 25
日日付で台中庁長岡本武輝が分校設置の認可内議申請を総督府に提出し、
開校日を 7 月中と予定していた。学務課が内議書をまとめたのは 8 月 10
日（8 月 11 日決判）、財務局が歳計上の意見を出して最終的な回答書を
まとめたのは 10 月 10 日である（不認可・10 月 11 日発送）。結論が出る
ときは、すでに予定の開校時期を大幅に過ぎていた。

　では、不認可の理由は何であろう。

　申請書の最初にある説明書きには、岡本庁長は「今般管内塓雅公学校
学区域内西大墩街ニ分校設置」について、「管内人民及学務委員街庄長連

署願出ニ付調査ヲ遂ケ」、庁で不都合なきと認めたため、内議に出す運びとなったと述べ、さらに文末に「進テ本支分校設置ニ就テハ本年度教育費ノ予算増額ヲ要セサル見込ニ付申添○也」と追記した。なお、申請書の記載内容を基にまとめた分校の設置詳細は次の通りである（一部抄録）。

　一　位置　台中庁揀東上堡西大墩区街西大墩街
　一　名称　堪雅公学校西大墩分校
　一　学年別生徒及学級数
　　　初年　一学年生　百名　二学級
　　　次年　一学年生　六十名　二学年生六十名　二学級
　　　三年以上　順次増加の見込
　一　開校の予定期日　昭和三十六年七月中
　一　維持の方法
「区域内ニハ各種ノ会田アルヲ以テ会田収入租石ヨリ年々金貳百円ツツ寄附シ○永之ヲ以テ経費ヲ支弁シ且漸次積立金ヲ設ケ維持ノ法ヲ確実ニスルノ意向ニ付夫々○調タル処分校後来ノ維持ニハ敢テ差支ナシト認ム」
　　一　創立に関する費用
「本校創立費ハ○○区域ノ寄付トシ校舎ニ充ツヘキ建物修繕費トシテ七百円ヲ酸出シ之ヲ以テ○ニ校舎宿舎等ヲ営繕シ且教授用器具機械等一切ノ設備ハ金参百円ヲ寄附シテ調整ヲ為シタリ此等酸出金ノ○○ハ各会田ノ収石ニ応シ酸出セシメタルモノナルヲ以テ一般異議ナク創立ノ運ビトナリタリ」
　　一　区域内の地勢民情
・堪雅公学校から一里以上離れ、通学が困難。
・書房はあるが不足しており新教育を切望している。
・当区は独立の一区として戸数や資産とも公学校を維持できるレベル
・将来の維持費及創設費を確保できる。

　　最後には、地方税より支出初年度の教員2名9か月分の給与及び旅費も全て計上され、当年度庁の教育予算に影響がでないように設

　置計画が立てられた。

　6月の内議申請で7月に開校したいという台中庁が計画した日程に無理はあるが、設置計画自体は規定通りに立てられ、維持方法及び備品など経費の使途なども詳細に書かれているので、指摘すべき問題点は一見ないように思えた。しかし、学務課が8月に出した「台中庁管内塓雅公学校西大墩分校設置の内議書」から問題点が見えてきた。

　(1) 既に8月に入り、日程から見れば本年度内の同意は難しいこと。

　(2) もし公学校の設置が必要だと考え、府は認可をする場合、予算の編制については現在台湾全島一般の状況について調査中の項目があり、将来変更の可能性があることを必ず台中庁の責任官吏に伝えること。

　調べたところ、調査中というのは学租金のことである。西大墩分校は学校を維持するのに「区域内には各種の会田アルク以て会田収入租石より年々金貳百円」の寄付金を基本収入としているが、総督府側は1903年から「学租金支出ハ全島共通シテ学事費等ニ支出ノ儀決定」[5]を発表し、従来地方で教育費を中心に使われていた学租金を、各地方ではなく、統一した機関を通して全島共通で教育関連事業に使用する方針を決定した。ちなみに、学租金を管理する学租財団が正式に設立されたのは1906年であった。

　地域の会田収入は学租金にあたるので、まだ制度が確立しない段階では、学務課側としてその収入を基本収入として認可することは学校にとってリスクがあると判断したのであろう。学務課の内議と財務局の審査をへて、最終的に10月10日決裁で民政長官による「不同意」の判断が出された。

　なぜ台中庁で分校を設置するのに、庁長ではなく、総督府の同意を得ないと設置できないのか。

　1898（明治31）年8月に「台湾公学校設置廃止規則」（府令79号）が制定され、第1条に公学校の設置は「街、庄、社長」より必要事項を「弁務所長を経て知事庁長の認可」を受けることと定められた。なお、第4条には当該規則の施行に関する細則「知事庁長」が定めて「台湾総督に報告」となっている。この規則をうけ、台中庁は同年10月に「台湾公学校設置廃止規則施行細則」（県訓令136号）を制定し、翌年の5月と10

月に分校設置に関する規定（1899年県訓令51号、108号）も追加した。

　その後、1901年11月11日に総督府は「台湾公学校設置廃止規則」を改正し、認可に関しては「弁務所長を経て知事」（「庁長」は保留）の部分を削除し、各県庁において施行細則を定める規定（第4条）を廃止した。この規則の改正と同時に、総督府から各庁長に、公学校設置認可は「予め総督府へ内議の上」で処理すると通達した。理由として、公学校教員俸給旅費は地方税支弁であり、公学校の設置廃止は一般の経済に関係することであるため、総督府が直接認可にかかわる必要があるとのことである。翌年の1902年2月に分校及び分教場の設置認可も予め内議が必要との通達が出された。つまり、公学校の設置廃止は地方の庁長が認可権を持っているが、事前に総督府の内議をへて同意を得る必要があるとのことであった。

　1903年度に設置準備を始めた堧雅公学校西大墩分校の設置は認可の手順が変更された後であり、庁長より総督府への内議申請（7月開校予定）は6月に出された。しかし、学務課による内議書は8月、最終的に回答が来たのは10月であった。

　台中庁としては、分校設置に関する計画及び経費の調達がすべて整えられており、当年度の教育費への影響もないため、設置に支障はないと思ったかもしれないが、総督府としては、年度半ばという微妙な時期以外、学校の維持費として計上されている田租の収入は、今後学租財団を通して全島共通で支出すると準備しているところであったため、容易に同意することはできなかった。最終的にすでに年度の半分を過ぎたことを理由に「不同意」の内議結果が出され、「堧雅公学校西大墩分校」は設置の認可を得られなかった。この事例からは、内議が持つ効力と意味に対する認識について、地方と総督府の間に差があるように思えた。

　台中庁と学校側は「不認可」の結果に対してどのように対処したか、資料が残されていないため不明のままである。大正期に学校が作成した教育一覧にも分校の設置認可及び学生数などについて一切触れていない。しかし、戦後政権が変わってから作成された学校の沿革年表には、創設委員を任命した時期、開校式の開催日、分校開校時の学生人数についての記録が書かれるようになった。戦後の記録によれば、分校の開校式は1903年10月8日に開かれたが、結局総督府が同意しないまま行われたものとなっ

た。そして、翌年の4月に「堪雅公学校西大墩分校」は無事に独立公学校「西大墩公学校」として設置が認可され、戦後も小学校として存続し、来年には120周年（分校期から数えて）を迎えるそうである。

　訪問時、現任の校長はこちらの事前調査の内容を聞き、「うちの学校は最初ブラックスクール（黒学校：認可なしの私設学校）だったんか！」と豪快に笑っていた。「ブラックではなく、グレーってところだったんでしょう」と、今度報告しようと思う。

【謝辞】

　本文の取材は台中市西屯小学校の蘇仁彦校長、陳秉鈞先生及び台中市健行小学校の林俊傑先生にご協力いただきました（2022年8月26日訪問）。ありがとうございます。なお、写真も西屯小学校より提供いただいたものであり、ここに記して篤く感謝申し上げます。

【註】

1　「台中庁堪雅公学校分校設置ノ義不認可」（1903-10-01）『台湾総督府文書』（国史館台湾文献館所蔵番号00004770014）。

2　当時小学校には分教場、公学校には分校と使い分けられていたが、公学校で保管されている関連書類には「分教場」を使う事もよくみかける。

3　1970年度の「台中市西屯区西屯国民小学概況表」、1971年度11月20日の「台中市西屯区西屯国民小学概況表」、1973年の70周年記念誌にある「校史」（編集部）4頁、1990年の「台中市西屯国民小学沿革」がある。西屯国民小学校史室所蔵。

4　陳炎正『台中郷土物語：西大墩史』（2004.9）88頁。

5　「学租金支出ハ全島共通シテ学事費等ニ支出ノ儀決定」（1901-02-25）『台湾総督府文書』（国史館台湾文献館所蔵番号00000865001）。許佩賢「日治前期的学租整理與法制化過程」『師大台湾史学報』3（2011.12）23-44頁。

VI. 追悼　竹中憲一先生

追悼　竹中憲一先生

山本一生 *

　長年に亘り本会を支えてくださいました、竹中憲一先生が昨年（2022年）11月20日にご逝去されました。享年76才でした。

　竹中先生は1946年11月に長崎でお生まれになりました。早稲田大学第一文学部中国文学専修を卒業後、北京外国語学院中文系を修了されました。修了後は日中学院をはじめ、在中国日本語教師研修センターおよび在中国日本学研究センターで教鞭を執られ、早稲田大学法学部での中国語教育に従事されました[1]。

　同時に、1990年代半ばから満洲教育史研究を発表し、それらの業績を基に『「満州」における教育の基礎的研究』（全6巻、柏書房、2000年）や『満州教育史論集』（緑蔭書房、2019年）などをまとめあげられました。さらに『在満日本人用教科書集成』（全7巻、柏書房、2000年）や『「満州」植民地日本語教科書集成』（全7巻、緑蔭書房、2002年）といった、満洲の教科書を復刻され、その解説を行いました。これらの研究は、満洲教育史の基礎として位置付けられます。

　さらに斉紅深氏の聞き取りを『「満州」オーラルヒストリー：奴隷化教育に抗して』（皓星社、2004年）として訳出するなど、中国でのオーラルヒストリーにも長く取り組まれ、満洲教育史研究に多大なご貢献をなさいました。

　他に、『北京歴史散歩』（初版徳間書店、1988年、増補版竹内書店新社、2002年）や『大連歴史散歩』（皓星社、2007年）のエッセイ集では、北京で教鞭を執られた時期や大連での資料調査をなさった時期の記録が生き生きと描かれております。私（山本一生）も北京や大連を訪れた際には、これらのエッセイ集を片手に現地を回り歩きました。

　本会と竹中先生との関わりとして、1997年8月に北京で開催された「日

本侵華殖民地教育史国際学術研討会」で、日本側研究者として報告をな
されたことが特筆されます。このシンポジウムをきっかけとして、前述
の斉紅深氏との共同研究が行われました（詳細は斉紅深氏の追悼文をご
覧下さい）。

　本会での活動を通じてアジア教育史研究への長年のご貢献に感謝する
と共に、ここに謹んでご冥福をお祈りいたします。

【註】

1　「竹中憲一教授 略歴および研究業績」『人文論集』（早稲田大学法学会）第
　55 号、2017 年、281-288 頁。竹中憲一先生の業績の詳細は同記事を参照さ
　れたい。記事は早稲田大学リポジトリにて閲覧およびダウンロード可能。
　https://waseda.repo.nii.ac.jp/?action=pages_view_main&active_
　action=repository_view_main_item_detail&item_id=36212&item_
　no=1&page_id=13&block_id=21

中日两国友好交流的学者
——缅怀竹中宪一先生——

齐红深

我在研究日本侵华殖民教育 40 年的过程中，结识了许多日本学者，有的成为合作的伙伴，真诚的朋友。竹中宪一先生是其中的一个。

我两人的合作是从 1999 年 12 月 27 日开始的。那是我与日本殖民地教育史研究会在大连市共同举办"日本侵华教育史第三次国际学术研讨会"后，回到沈阳上班的第一天。我刚打开办公室的门，一个陌生人跟进来，扑腾一声跪倒在地，说："我是日本早稻田大学竹中宪一。昨天在大连听到先生的学术报告，想与您合作。"

这个举动令我十分惊讶，我赶忙拉他起来。他说："您答应，我起来；你不答应，我就不起来。"我急忙扫了一眼他写的《中日合作出版日本侵华殖民教育口述历史协议书》，主要内容是让我把搜集整理的口述历史交给他翻译成日文发表。

此后，他于 2003 年、2004 年相继出版了我收集整理的『大連アカシアの学窓』、『"満洲"オーラルヒストリー——"奴隷化教育"に抗して』，搭建起了中、日两国历史认识共通的桥梁。日本国殖民地教育史研究会三任会长广岛大学教授佐藤尚子、宫城学院女子大学教授宫胁弘幸、同朋大学教授槻木瑞生都给予高度评价。

竹中先生在中国的朋友很多，他的研究成果在中国的影响也很大。他著的《北京历史漫步》由中国文史出版社出版。他收藏的中国现代绘画在日本出版。他同中国著名语言学家周有光先生、唐传寅教授也有较深的交往。他在日本出版的《满洲国成立前的教育》、『「満州」植民地日本語教科書集成』等，在中、日两国都有一定影响。许多人称他是"中日两国友好交流的学者"。

中日両国友好交流の学者
——竹中憲一先生を偲ぶ——

斉紅深

　日本の中国侵略植民地教育を研究してきた40年間、たくさんの日本人学者と知り合い、その中の一部の人とは研究の仲間、良き友人になった。竹中憲一先生はその一人である。

　私たち二人が研究の連携を始めたのは1999年12月27日であった。それは日本植民地教育史研究会と大連市で「中国における日本植民地侵略教育第三回国際学術シンポジウム」を共同開催した後、瀋陽へ戻り仕事を再開した日のことである。オフィスのドアを開けたと同時に、一人の人が一緒に入ってきて、トンと膝をついて、「日本の早稲田大学の竹中憲一です。昨日大連で先生の報告を聞いてぜひ共同研究をお願いしたいです」と言った。

　その行動に大変驚いた私は急いで彼を立たせようとしたが、彼は「承諾していただけるなら起きます。承諾していただけないなら立ちません」と言った。慌てて彼が書いてきた「中日合作出版日本侵華植民教育口述歴史協議書」を確認したが、要するに私が集めて整理したオーラルヒストリーを、彼は日本語に翻訳して発表したいとのことであった。

　その後、彼は2003年、2004年と続けて私がまとめた『大連アカシアの学窓』、『"満州"オーラルヒストリー〈奴隷化教育〉に抗して』を出版し、中日両国の歴史に対する共通認識の橋渡しとなった。これらは、日本植民地教育史研究会会員であった佐藤尚子教授、宮脇弘幸教授（研究会代表もされた）、槻木瑞生教授らに高く評価された。

　竹中先生は中国で友人が多く、その研究成果も中国に大きな影響を与えている。著書の『北京歴史漫歩』は中国文史出版社が出版した。彼が集めていた中國現代絵画も日本で出版された。中国で有名な言語学者周有光先生、唐伝寅教授とも深い付き合いがあった。日本で出版された『満州国成立前的教育』『「満州」植民地日本語教科書集成』等も中日両国で確実に影響力を持っており、「中日両国友好交流学者」と呼ばれている。

（訳：陳虹彣）

竹中憲一さんが逝ってしまった

渡部宗助 *

　畏友・竹中憲一さんの訃報を、本植民地教育研究会の『年報』編集委員会から知らされ、併せて追悼文の依頼を受けた。何と言うべきか、悔恨の情が溢れ出た。そして何から書き始めようか迷ってしまった。彼との共同作業として遺された唯一の作品が『教育における民族的相克』（東方書店、2000.12）である。草創期の本会会員10名が執筆に加わってくれた。が、槻木瑞生さんのように先に逝ってしまった僚友もいる。この出版を持ち込んだのが竹中さんで、中国古典の文献・研究書の出版を専らにする東方書店との出版交渉も彼が先に進めてくれていた。この書のサブタイトルが「日本植民地教育史論Ⅰ」銘打ってあるのは、年1冊のペースで3冊叢書計画であった。この東方書店の書評誌『東方』294号（2005.8）で僕は竹中さんの著書『「満洲」おける中国語教育』を紹介したことがある。教育史専攻者として辛口の文章になってしまったことを多少後悔している。

　本研究会創設の契機になったのは中国からの「中日共同研究について」（日本教育学会誌「会員通信」欄、王智新（宮崎公立大）の案内であった（1996.6）。これは中国の「第9次五ケ年重点領域研究」（1996～2000）として「日本侵華教育史」の共同研究を含む大きな国家的プロジェクトであった。これにすぐに反応したのが、1996年3月に都立大学を定年で退いていた、故小沢有作さんであった。それを契機にして、1997年3月29日「日本植民地教育史研究会」の創設・発会式（学士会館分館）に至った。本研究会の通信「植民地教育史研究」創刊は同年5月5日付で、そして本会の『年報』創刊は、翌1998年10月で皓星社から出版された。小沢さんと皓星社との関係については知らないが、小沢さんは「二〇世紀の遺したもの」という創刊の辞を書いた。

＊国立教育政策研究所名誉所員

　北京とその郊外での「日本侵華殖民教育史国際学術研討会」（「北京シンポ」）は 1997 年 8 月 21 日から 5 日間、北京市とその郊外で開催された。その時に在中国（北京）から直接シンポに参加したのが竹中憲一さんで、僕はその時竹中さんに初めてお会いした。その時の忘れられない光景を今でもはっきり覚えている。会場の移動で道に迷い、中国人研究者も困惑している中で、竹中さんが近くで遊んでいた小学生のグループに近づき、何やら話し込んで、戻って一件落着した。その時、彼の語学力に僕は参ってしまった。彼は当時早大文学部を経て、北京外国学院で研さんを積み重ね、北京日本学研究センター［大平学校］で講師を務めていた。帰国後、早大法学部教授（外国語科・中国語担当）に就任した。植民地教育史研究会では研究部を立上げ、早大でその部会を開いたこともあった。

　その頃だったろうか、中枢神経系の障害が発症、身体運動・歩行不能となるパーキンソン病の難病に罹って、以後僕らの前に姿をあらわせなくなった。『「満州」における教育の基礎的研究』（全 6 巻、2000.6、柏書房）は、竹中さんが自らの病との戦いの中で命を懸けた格闘の記録でもあった。この全 6 巻の『基礎的研究』の構成は、第 1 ～ 3 巻が「中国人教育」、第 4 巻が「日本人教育」、第 5 巻が「朝鮮人教育」、そして第 6 巻が「年表・資料一覧・索引」である。「満州教育」を「中国人」「日本人」「朝鮮人」で構成したのも卓見だと思うが、第 6 巻を通覧すると如何に膨大な資料収集に邁進したか一目瞭然である。全 6 巻の総頁数は A5 判・1946 頁。1992 年（平成 4）春から 8 年間、この『基礎的研究』に傾注した。竹中さんを「満州教育」に導いたのは早大の安藤彦太郎名誉教授であったことを 5 巻の「あとがき」述べていた。その安藤は、早大政経学部から満鉄調査部就職を希望したが、「良」が一つあってオール優でなかったために「推薦」を受けられなかったと述懐していた（『中国語と近代日本』。竹中さんのこの著書『基礎的研究』を、本研究会『年報』4 号（2000.8）で槻木瑞生さんが書評してくれたが、彼はそこで「東北地区教育史」、「東北教育史」、「満洲教育史」と言う表現も用いている。それは「東三省」（遼寧・吉林・黒龍江）にも限定されない地平線的拡がりと時系列な垂直な流れで「満洲」「植民地」を診ること、それには何よりも基礎的な「事実」の確認作業が必要で、竹中さんはその「第一歩」を踏み出してくれた、と積極的に評価していた。

　その槻木さんも逝ってしまった今日、「満洲国・満州教育史」は誰が引きついででくれるだろうか。私たちの「日本植民地教育史研究会」は、直接的には中国の国家プロジェクトへの参加要請があって、中国側責任者は中国中央教育科学所の宗恩栄、研究実施責任者が斉紅深・遼寧教育科学研究院副院長であった。その中から必然的とも言える経過で創設されたのであった。

　槻木さんと僕が小沢さんに池袋に呼び出されたのが、1996年9月教育史学会第40回大会が立教大学で開催された時である。当時槻木さんは同朋大学で満州教育史に、僕は国立教育研究所で「戦後教育改革資料の調査研究」を中心任務にしていた。ちょっと横道に逸れたが、これは竹中さんが「満州教育」に開眼して4年後の事である。竹中さんの『基礎的研究』で僕の論文は2点紹介されているが、槻木さんのは3点しか挙げられていない。これは第6巻の「資料一覧」全体に言えることであるが、項目の名称・用語・選択に統一性がない事である。個人作業では陥りやすい難点であり、利用者には注意を喚起して置きたい点である。「資料一覧」には貴重な「資料」が列挙されている故の苦言である。この第6巻だけでも改訂版として再版する価値があると思う。

竹中先生
——満州教育の実相を掘り起こした人——

宮脇弘幸 *

　数年前に竹中先生の体調がよくないとは聞いていましたが、本年1月日本植民地教育史研究会から竹中先生の訃報の知らせが入り、衝撃を受けているところです。

　竹中先生は、1981年9月から86年3月まで、北京に設立された、通称大平学校（1980年大平正芳首相が開設に尽力した）と言われている、日本語教師研修センター・日本学研究センターに日本国際交流基金から派遣され、現職の大学日本語教師・政府機関の日本語担当の再教育事業に携わり、多くの優秀な日本語教師・日本語人材を育成された。

　私が2010年3月の定年退職後、大連で教えることになった、遼寧師範大学の副学長曲維先生は「北京の大平学校で竹中先生に教えてもらいましたよ」と言われ、竹中先生が中国で日本語教師として活躍されていたのを初めて知りました。その他、学会などでお会いした、年配日本語教師・研究者からも「北京の大平学校で竹中先生にはお世話になりました」ということを聞いたものである。その教え子たちは、中国の大学、政府機関などで高度な日本語の知識・能力を生かして活躍されていた。戦前の満洲や大陸占領地における「負の歴史」の一端を担っていた日本語日本文化普及の虚構に通暁されていた竹中先生は、他の日本人教師とは異なる視点から、中国における戦後の日本語教育・日本文化紹介に尽力されたに違いない。

　竹中先生の実績としてどうしても触れなければならないのは、長年満洲における植民地教育に関する実証的な研究に打ち込まれ、日本では部分的にしか所蔵されていない、日本人用・中国人用の各種満洲教科書など、大量の第一次資料を中国で収集し、日本で復刻されたことである。そ

* 大連外国語大学客員教授

れらの資料は、南満州教育会教科書編輯部、在満日本教育会教科書編集部、南満洲鉄道株式会社教育研究所によって発行された日本語・中国語の教科書などである。これらは満州教育の実態研究に欠かせない基礎資料となっている。

　一度、早稲田大学法学部の竹中先生の研究室に伺った時、何段もの書棚に満洲教科書の複写資料がぎっしりと並べられていたのを拝見した。私は、竹中先生の調査力、資料収集力に圧倒され、どうしてこんなにたくさん収集できたのですか、と尋ねると、「中国は、植民地下満洲時代のこの種の資料は、価値あるものとして見ていないんですよ。だから、各地の歴史資料館とか大学の図書館の倉庫の箱に入れられ、戦後ずーっとほこりをかむったまま、開けられることがなかったんですよ。それを拝借して複写し、日本に持ち帰って復刻しようと思ったんです」、と資料収集のいきさつを話された。収集された教科書類は、『「満州」植民地日本語教科書集成』全7巻、『「満州」植民地中国人用教科書集成』全8巻、『「満州」における中国語教育』として復刻され、多くの研究者に貴重な資料となっている。

　竹中先生は、足を使って丹念に現地調査されたが、その成果の一つが『大連歴史散歩』として著されている。私が大連の大学の日本語学科で教えていた時、暇を見て学生を連れて大連・旅順の歴史探訪をやっていた。その時、その本をガイドブックとして持ち歩き、日本支配時代の史跡を訪ね歩いた。その本には、竹中先生が満洲時代に関わる史跡、残存する建造物を実際に探索し、当時を知る現地の人から聞き取られたことが詳しく記されており、大連・旅順の歴史を知る必携ガイドブックであった。

　このように、日本がかかわった満州教育の実相を掘り起こし、各種の資料集としてまとめられた竹中先生の不断の努力と、戦後の中国人の日本語人材を育てられた先生の熱意に深い敬意を表します。

　　　　　　　　　　　　　　　　　　　　　　　　　　　　合掌

竹中憲一先生を偲んで

新保敦子 *

竹中憲一先生が、昨年の 11 月にご逝去されたと連絡を受けた。しかしながら、竹中先生は、いつもエネルギッシュな方であったために実感が沸かず、いまだにご逝去されたことを信じたくないような思いもある。

竹中先生は、植民地教育史研究の先駆者であり、私がお手本として後を追ってきた研究者のお一人である。槻木瑞生先生に次いでの竹中先生のご逝去の報に接し、心にぽっかりと穴があいたような気持ちである。

竹中先生のルーツをたどっていけば、戦前にご両親が中国で結婚をされ、その後、天津に住んでおられたという。敗戦後の 1946 年に、妊娠中のお母様が日本に引き揚げ、竹中先生は長崎でお生まれになった。そのため、竹中先生は、ご自分のルーツに中国があることを強く意識され、1960 年代末に日中学院で中国語を学ばれた。そして、早稲田大学卒業後、1978 年〜 80 年に北京外語学院（北外）で学び、その後 81 年から 86 年まで、在中国日本語教師研修センター（略称・大平学校）・北京日本学研究センターにおいて講師を務められた（孫暁英『「大平学校」と戦後日中教育文化交流—日本語教師のライフストーリーを手がかりに—』、日本僑報社、2018 年参照）。

竹中先生を追悼するにあたって、竹中先生のご研究、教育者としての事跡、そして私自身の個人的な思い出という視点から述べてゆきたい。

1. 研究について——精力的な資料収集と資料集の出版

竹中先生のご業績といえば、まず満洲国に関する膨大な資料の収集と出版がある。先生が、満洲における植民地教育史の研究を始められたのは、90 年代の初めであるが、それまでの植民地教育史研究は、第一次資料の発掘や分析が欠如したまま、議論が先行している側面があった。そ

＊早稲田大学

うした状況のターニングポイントとなったのが、2000 年代から竹中先生らが積極的に関与された教科書などの資料の復刻やそのご研究である。

　その中には、①磯田一雄・槻木瑞生・竹中憲一・金美花『在満日本人用教科書集成』（柏書房、2000 年、全 10 巻）、②竹中憲一『「満州」における教育の基礎的研究』（柏書房、2000 年、全 6 巻）、③竹中憲一『「満州」植民地日本語教科書集成』（緑蔭書房、2002 年、全 7 巻）、④竹中憲一『「満州」植民地・中国人用教科書集成』（緑蔭書房、2005 年、全 8 巻）などがある。日本の植民地教育史研究が本格化していく土台をつくったのが、これらの基礎的研究であり、資料集であった。

　また、竹中先生が、植民地教育体験者のオーラルヒストリーを収集・出版されたことも、貴重な業績である。たとえば『大連アカシアの学窓：証言植民地教育に抗して』（明石書店、2003 年）がある。90 年代〜 2000年代初めは、植民地下で教育を受けた体験者が、当時のことを語ることができた最後のチャンスであり、竹中先生の情熱と語学力、そして人々の心に寄り添われる暖かい人間性によって、オーラルヒストリーが記録として残されたことは、特筆すべきことであろう。

　竹中先生が満洲教育史研究を本格化された時期は、早稲田大学で法学部出身の奥島孝康総長の在任期（1994 年〜 2002 年）と重なる。竹中先生は、学部・大学の業務においても、奥島総長をアシストされたとお伺いしており、激務の中で、これだけの仕事を成し遂げられたのは、超人的なご努力の賜であると思われる。

2.　教育者としての事跡——多くの研究者の育成

　竹中先生は、中国を熱愛されておられた。そして 1980 年代の大学の日本語教育にあたる教員を養成する教育機関である大平学校において、長年にわたって教鞭をとっておられた（2 期〜 5 期）。つまり後に中国の日本語教育の中核メンバーとなられる方々の指導に当たってこられたわけで、その影響力は多大なものがあった。

　大平学校 2 期生であり、中国の日本語教育界の重鎮である徐一平先生によれば、竹中先生は大平学校で「日本事情」をご担当されており、竹中先生のおかげで新しい世界に目を開くことが可能になったという。

　竹中先生のご健康状態の悪化後にも、大平学校の関係者が来日すると、

竹中先生のご自宅を訪問していた。それだけ竹中先生は、中国人日本語教師たちに慕われていたのである。かつての教え子をご自宅に迎え入れた竹中先生は、いつまでもいつまでも、ドアの外でお見送りをされておられた、とお伺いしている。

　また、日中外交史研究の第一人者である劉傑氏（早稲田大学社会学部教授）も、竹中先生が北京外国語学院付属外国語学校で教鞭を執られていた時に、2年間、クラス担任としてお世話になったという。そして、友誼賓館の宿舎に文庫を作って日本語の本を貸して下さったり、賓館のレストランでご馳走して下さったりしたとのことである。

　約40年前の北京は、改革開放直後で情報も食べ物も豊かではない時代のことであり、学生たちがいかに喜んだかは想像に難くない。こうして、竹中先生は学生たちに暖かく接し、日中の教育・文化交流の中で、中軸となるような研究者を育ててこられたのである。

3. 個人としての思い出

　私の中で、特に印象に残っていることは、大連で開催された第3次日本侵華植民地教育研究国際学術研討会に参加した折に、竹中先生とご一緒させていただいたことである（1999年12月25日〜27日）。私は、植民地教育史研究としては、まだまだ駆け出しの研究者であったが、すでにこの分野での研究を積み重ねておられた竹中先生は、私にとって導きの星であった。

　竹中先生は、会議におけるご発言の中で、侵略した側と侵略を受けた側との認識が違うことを強調されていた。植民地教育を研究する上での、基本的な心構えを竹中先生から教えて頂いたと思う。

　また、竹中先生は参加した研究者のため自発的に大連のガイド役をかって出て下さった。おかげで私を含めての数人の研究者が大連市档案館での資料の閲覧という貴重な機会も与えて頂いたことを、あの時の嬉しさと共に思い出す。大連市档案館には、旧植民地関連学校の名簿類や交友会誌が収蔵されている。資料は歴史研究において何よりも重要なものであるが、他の研究者と資料を共有することで研究全体を進めようとする竹中先生の真摯な姿勢には、敬服させられる思いである。

　その後、早稲田大学でご一緒することもあった。ご病気のため、歩行

が不自由なご様子であったものの、研究に対する気力はいささかも衰えずにおられた。そんな先生に最後におめにかかったのは、早稲田大学の竹中研究室において、2012年のことだったと思う。私の大学院ゼミに留学をしていた孫暁英さんが、大平学校の研究をしたいということで、研究室を一緒に訪問したのである。

　その時、依然として学問への情熱や後進の指導への意欲を強く持ち続けられていたことに圧倒された。また、私自身の父親も同じ病気ということで気遣いながらもアドバイスをして下さった。あいかわらず、竹中先生は心の温かな方だと思ったことを、鮮明に記憶している。

　そうした竹中先生の突然のご逝去は、本当に寂しく思われてならない。竹中先生のような、なんらかの形で旧植民地にルーツがつながっている植民地教育史研究のパイオニアが旅出たれた後に、どのように植民地教育史研究を進め、平和構築のための学問を発展させていけばいいのだろうか。大きな宿題を与えられたように思う。

　バトンを手渡された者として、竹中憲一先生の学恩に感謝しつつ、中国に対する深い思いや学問に対する情熱を次の世代に伝えていくことができればと心から願っている。

　竹中先生、ありがとうございました。合掌。

本研究会の再生のためのご努力に感謝

井上薫 *

　竹中先生とのご縁は、渡部宗助先生を通して、渡部宗助・竹中憲一編『教育における民族的相克　日本植民地教育史論Ⅰ』（東方出版、2000年）に論文を加えていただいたことがきっかけで、直接お目にかかったのは本研究会のいずれかの集まりでした。

　竹中先生の本研究会での役員歴は、私が研究会・事務局長となる前の期（2001 ～ 2002 年度、宮脇代表）のみで、同じ運営委員として、ご一緒させていただきました。ここでは、竹中先生の本研究会の立て直し時期のご努力の一端を紹介させていただきます。

　委員を担当された時期の研究会の状況については、年報第 4 号（2002年 1 月発行）からわかります。本会の草創期、会費を出せば会員扱いにしていた頃、「自由主義史観」を標榜する 1 名が登録をしたこと、そのメンバーが研究報告を希望し、その是非の議論の末、報告時の研究の議論で大いに批判をするとした結果、本会草創期から主に中国研究者との国際研究シンポジウムを続けてきたメンバーから会の在り方への大きな批判があり、それでは国際的な研究を続けることができないと、かなりの方々が退会する状況となってしまった直後の時期でした。

　第 4 号では、『植民地教育の支配責任を問う』と題し、巻頭に日本植民地教育史研究会運営委員会名で「アジアと共に歩む歴史教育―「新しい歴史教科書をつくる会」の歴史教科書にたいする見解―」（2001 年 4月 23 日付）を掲載し、「歴史教科書問題と植民地教育」の特集を組んで、態度表明を行いました。

　竹中先生は、本研究会が本研究会会則の第 2 条の「アジアから信を得ることのできる学術的研究をすすめる」ことを改めて明らかにし、アジアに背を向ける「つくる会」への批判的立場を公に示した時期の運営委

＊釧路短期大学

員であり、会としての姿勢の表明だけではなく、メンバーとしてこれに反するものが在籍することにも問題があると強く提言され、その後のメンバーに対する退会勧告、退会に導く大きな働きをなされました。

　年報4号巻末にも掲載されている「植民地教育史研究」第10号（2001年8月1日）で、宮脇代表（当時）が、2001年3月の研究集会総会で了承された新たな運営方針として「研究部会」の設置と、担当が竹中憲一先生であることを報告しています。また年報同号で自分の書いた「編集後記」の末尾に、「竹中氏の御尽力で、（中略）新たに隔月程度に開催する研究会が動き出したことは大きな意義がある。」と記録していたことを思い出しました。

　昔のファイルを探したところ、この時期だけ発行された「研究活動ニュース」が沢山出てきました。この期、研究担当であられた竹中先生が、研究会会報とは別に、会員等へ「日本植民地教育史研究会 研究活動ニュース」を作成し、郵送されていたのでした。退会者が何名も出て会が縮小する中、竹中先生は、本研究会の新たな研究活動を広げ、根付かせようと、当時の勤務校、早稲田大学国際会議場会議室などで任期2年の中、計9回の研究会（①2001年6/2、②7/7、③9/22、④11/10、⑤2002年1/12、⑥5/18、⑦7/13、⑧9/14、⑨11/30）を企画、コーディネイトし、その連絡と報告についての通信作成一切を行ってくださったのでした（これに先立ち、関東居住会員に案内された2001年1月、3月の2回もあった）。「ニュース」はB4用紙2枚で全10号（2001年1月〜2002年11月）に及びます。当時の竹中先生のご努力と奔走されていたお働きを見て取れます。

　会の再生のために大きな方向付けをしてくださったことに感謝致します。

彙報

　2022年3月から2023年2月までの本研究会の活動を報告する（文中敬称略）。

組織・運営体制

　本研究会には、会則7条によって本『年報』奥付に記載の役員が置かれている。運営委員の任期は3年、『年報』編集委員の任期は2年である（第9条）。

　代表：岡部芳広
　運営委員
○通信部：（議事録・通信）北川知子・滝澤佳奈枝・合津美穂
○研究部：（年次研究テーマ・定例研究会・国際交流等）宇賀神一・藤森智子・佐藤広美
事務局長：（総務・渉外・各部との連絡調整）山本一生
事務局員：（WEB（ブログ）担当）清水知子／（研究業績作成）白恩正／（会計）北島順子／（会計代理）松岡昌和（会計監査）大石茜・黒川直美
○年報編集委員会：（編集長）丸山剛史（副編集長）小林茂子（委員）一盛真・井上薫・大石茜・陳虹彣・白恩正

　本年の主な活動は以下の通りである。
1）研究大会・総会
　第25回研究大会は、2022年3月12日（土）13日（日）に、東京家政学院大学（東京都）で行うこととなった。しかし、コロナウイルス感染状況の再拡大によりオンラインで開催することとし、合わせてシンポジウムと自由研究発表を3月13日（日）に集約し、総会はメールにて行うこととした。シンポジウムのテーマについては、運営委員会で検討され、「『日本植民地教科書に見る「アジア民衆像」の総合的研究』の開始にあたって」に決定し、コーディネーターは佐藤広美会員が担当することとなった。総会はメールでの開催となり、2022年度活動案と予算案が可決された。

２）運営委員会（研究大会準備、日常的会務のために例年は３回開催するが、今年度はコロナ禍のためにオンラインでの開催を随時行った）

① 2022 年 10 月 19 日（火）オンラインでの開催

（第 48 回例会開催準備等）

② 2023 年 2 月 14 日（火）オンラインでの開催（研究大会準備等）

３）研究部（研究例会を２回開催、企画、運営）

① 6 月 18 日（土）オンライン

② 11 月 13 日（日）オンライン

４）編集委員会

① 2022 年 6 月 26 日（日）　第 25 号編集計画の検討

② 2022 年 11 月 27 日（日）　投稿申し込みの確認、査読者決定、など

③ 2022 年 12 月 17 日（土）　査読原稿の掲載可否決定、など

いずれもオンライン・ミーティングにて実施。上記の他にも必要に応じて電子メールで連絡を取り合った。

５）事務局

事務連絡、会員入退会処理、会計、Web サイト管理等を行った。

1．第 26 回研究大会の準備

第 26 回研究大会は、2023 年 3 月 12 日（日）に行うこととなった。シンポジウムのテーマについては、運営委員会で検討され、「植民地と修身教育 ―台湾・朝鮮・満洲の事例から―」に決定し、コーディネーターは岡部芳広会員が担当することとなった。

2．年報『植民地教育史研究年報』の発行

第 25 号を皓星社から 2023 年 3 月 31 日付で刊行される予定である。特集は「本植民地教科書に見る「アジア民衆像」の総合的研究の開始にあたって」である。この他、研究論文 2 本、書評 4 本、図書紹介 6 本、資

料紹介1本、旅の記録1本、竹中憲一先生追悼文6本、彙報で構成した。

3.「研究会通信」の発行

　研究会通信「植民地教育史研究」は、第69号（2022年5月26日付）、第70号（2022年10月17日付）、第71号（2023年2月15日付）の3号が発行された。

　第69号では第25回研究大会の振り返りなど、第70号では第48回定例研究会の案内など、第71号では第26回研究大会の開催などが掲載された。

4. 科研進捗状況

　2022年度基盤B「日本植民地教科書にみる「アジア民衆像」の総合的研究」を申請したが、不採択であった。

5. 定例研究会

　定例研究会の日程、発表等については以下の通り。

　【1】第47回定例研究会

　2022年6月26日（日）オンライン

　「植民地と国語教育——芦田恵之助と朝鮮第2期普通学校国語読本編纂——」検討会

　　船越亮佑会員（岩手大学）コメント

　　岡部芳広会員（相模女子大学）コメント

　　執筆者の返答・全体の質疑応答

　　自由報告

　　王詩淇会員（九州大学大学院生）：日本の植民地初等学校の日本語教科書に描かれた日本・日本人像　—植民地朝鮮・「満洲国」の比較

　【2】第48回定例研究会

　2022年11月13日（日）オンライン

　　①李昱会員（愛知大学大学院生）

　　満洲国の建国精神—「民族協和」思想の原点と発展—

　　②滝澤佳奈枝会員（お茶の水女子大学非常勤職員）

台湾人女子教育における展覧会の役割
③佐藤由美会員（専修大学）
日本統治下台湾・朝鮮の「留学生」研究における課題

6. 出版企画

風響社より 2022 年 3 月に『植民地教育史ブックレット』第 2 期（3 本）、第 3 期（2 本）が出版された。
第 2 期：
『電波が運んだ日本語：占領地・植民地におけるラジオ講座』
上田崇仁会員
『日本統治時代・朝鮮の「国語」教科書が教えてくれること』
北川知子会員
『近代日本の植民地教育と「満洲」の運動会』
北島順子会員
第 3 期：
『戦時下台湾の少年少女』
白柳弘幸会員
『学校教員たちの植民地教育史：日本統治下の朝鮮と初等教員』
山下達也会員

7. その他

運営委員会及び年報編集委員相互の日常の諸連絡や検討事項については、それぞれのメーリングリストおよび ZOOM でのオンラインによって行われている。

（事務局長　山本一生）

200

編集後記

　この１年ロシアによるウクライナ侵略の問題を考え続ける日々が続きました。この侵略によりウクライナの多くの国民、ロシア兵とその家族、多くの人々の人生が大きく変わることとなっていると思います。植民地支配においても多くのそのような問題が未だに続いていることに私たち日本人はどこまで向き合えるのか問われているのだと思います。

（一盛真）

　コロナ禍でオンラインによる研究活動がしばらく続いており、対面で行われていた研究関係の情報交換や交流の魅力が削がれている中、教科書にみられる「アジア民衆像」をテーマに行われた研究成果がこのようにまとめられたことはありがたいことでした。

　他方、ロシアのウクライナへの軍事侵攻が始まって１年になりました。日本による各地での植民地支配末期の軍事侵攻・戦争や、（準）戦時下の国内・植民地における教育や情報の国家による統制・情報操作と類似のことが起こりつつあるのでしょうか。歴史を知っているからこそ、感じ取るべきものに敏感でありたく思います。

　今後も、地道に研究を積み重ねて来られた竹中先生をはじめとする先達の働きを踏まえ、研究情報を共有しつつ、「コロナ」の制約を乗り越えて、アジアとの交流を深め、アジアから信を得られる研究を進め、拡げていけますように。

（井上薫）

　コロナ禍でさまざまな制約が続く中で、試行錯誤しながら研究に邁進している様子を、みなさんの原稿から感じ、私も身の引き締まる思いです。今後も若手として編集委員の仕事をお手伝いできればと思います。

（大石茜）

　今号の「図書紹介」を読むと、ブックレットの内容が充実していることがわかります。一方、誠に残念なことですが、追悼文を急きょ掲載することになりました。寄稿していただいた文章からは、本研究会の礎を築かれた先達の多大なご努力を伺い知ることができます。今号は、本研究会のこれまでの歴史を受け継ぎつつ、今後の研究会の方向性を示唆する、新たな出発点が感じられるような内容となりました。『年報』は、会員の皆さまのご協力と編集委員の連携により成り立つものだと改めて実感させられます。今号も編集委員長の御力に感謝いたします。

（小林茂子）

　今年度はようやく感染症による渡航制限が緩和され、久しぶりに台湾での調査ができた。同時に勤務校の業務量も増え、忙しく過ごしているのに、２回もコロナにかかるという偉業？を成し遂げてしまった。幸い、同じメンバーで一緒に作業して４年目にもなると、編集長の連絡があればすぐに集まりネット会議などを行うことができるようになった。今回の編集作業で一番印象に残ったのは、入稿締切直前に入った竹中先生の訃報であった。お会いしたことはなかったが、皆様が執筆してくださった追悼文を読ませていただき、その研究に対する姿勢に深く感銘を受けた。ご冥福をお祈りいたします。

（陳虹彣）

　年報の完成は執筆者の方々や会員の皆様のご尽力によって完成されるものであると改めて思いました。植民地教育史の諸問題に真摯に取り組む姿勢をみて襟を正す思いがします。至らない点も多々あったと思いますが、編集委員に入れていただいたことに感謝します。今回は竹中憲一先生のご訃報に接し追悼文が

掲載されることになりました。研究への熱意
や世に残した多くの功績に頭が下がる思いが
しました。ご冥福をお祈りいたします。

（白恩正）

　本号を以て編集委員長解任となります。第
22号から第25号まで担当させていただき、
大変光栄でありましたが、帝国日本の植民地・
占領地を研究することの難しさを痛感した4
年間でした。この間、編集委員、査読者、皓
星社の皆さん、特に副委員長の小林茂子先生
には大変お世話になりました。この場をお借
りして厚く御礼申し上げます。編集委員長の
業務は重責でしたが、誰よりも早く原稿を読
むことができること、原稿依頼などで交流が
広がったことは委員長の役得でしょうか。今
後も編集委員会が継続的に組織され、有意義
な年報が発行され続けることを祈念しており
ます。

（丸山剛史）

英文校閲・CONTENTS作成　Andrew Hall

年報第24号の訂正

年報第24号の記載に、誤記があり
ました。お詫びして訂正いたします。

（編集委員会）

39頁　下から10行目
　誤：「非教育者」
　正：「被教育者」

著者紹介
（掲載順）

岡部芳広
相模女子大学教授、1963 年、大阪市生まれ。神戸大学大学院総合人間科学研究科博士後期課程修了。博士（学術）。台湾近現代音楽教育史。『植民地台湾における公学校唱歌教育』（明石書店、2007 年）、「台湾の子どもたちを、「日本人」にしようとした音楽の教科書―台湾総督府発行国民学校芸能科音楽教科書の分析から―」(佐藤広美・岡部芳広編『日本の植民地教育を問う』皓星社、2020 年）など。

佐藤広美
東京家政学院大学名誉教授、1954 年生まれ。日本近現代教育思想史、博士（教育学）、『植民地支配と教育学』（皓星社、2018 年）、『戦後教育学と戦争体験－戦後教育思想史研究のために―』(2021 年、大月書店）など。

陳虹彣
平安女学院大学教授。教育史・比較教育。博士（教育学）。『日本統治下の教科書と台湾の子どもたち』（風響社、2019 年）、「学籍簿から見る日本統治下台湾の子どもたち―高雄州龍肚国民学校の 20 期生を事例に―」(『平安女学院大学研究年報』第 22 号、2022 年）。

山下達也
明治大学文学部准教授。博士（教育学）。九州大学大学院博士後期課程修了。『学校教員たちの植民地教育史－日本統治下の朝鮮と初等教員－』（風響社、2022）、『植民地朝鮮の学校教員－初等教員集団と植民地支配－』(九州大学出版会、2011）など。

丸山剛史
宇都宮大学共同教育学部教員。学校教育学、技術教育学、博士（教育学）、「宇都宮大学所蔵「満洲国」技術員・技術工養成関係資料目録―解説と凡例―」(『植民地教育史研究年報』第 11 号、皓星社、2009 年）、「「満洲国」民生部編『民生』誌・解説と目次集」『植民地教育史研究年報』第 22 号、皓星社、2020 年）など。

松岡昌和
大月短期大学経済科助教。専門は東南アジア史。主要論文に 'Media and cultural policy and Japanese language education in Japanese-occupied Singapore, 1942-1945', Kayoko Hashimoto ed. *Japanese language and soft power in Asia*, Singapore: Palgrave Macmillan, 2017, pp. 83-102; 'Japan's Memory of War and Imperialism in Kayō Eiga: Shochiku's *Under the Stars of Singapore* and Asianism', *East Asian Journal of Popular Culture*, 9:1, 2023（掲載決定済）など。

山本一生
鹿屋体育大学スポーツ人文・応用社会科学系准教授。東京大学大学院教育学研究科博士課程修了、博士（教育学）。専攻は日本教育史、中国教育史、青島都市史。研究業績に『青島と日本　日本人教育と中国人教育』（風響社、2019 年）、「満洲の子どもを「新教育」で育てる ― 教育雑誌『南満教育』の分析を通して―」(『日本の植民地教育を問う 植民地教科書には何が描かれていたのか』皓星社、2020 年）、「華北占領期青島の小中学生日本語作文に見る日本語教育」(『新世紀人文学論究』第 7 号、2023 年）など。

藤森智子
田園調布学園大学教授。博士（法学）。日本語教育史、異文化交流史、東アジアの社会史。『日本統治下台湾の「国語」普及運動―国語講習所の成立とその影響―』慶應

義塾大学出版会 2016 年、「1920 年代台湾
における「国語普及」―台北州海山郡鶯歌
庄の「国語練習会」を例として」新世紀人
文学研究会『新世紀人文学論究』4（2021 年）
など。

王詩淇

九州大学大学院地球社会統合科学府・博士
後期課程。徐雄彬・王詩淇、「浅論斉紅深
的口述歴史理論与実践」『高校学術研討論
文汇編』吉林出版集団股份有限公司、2017
年、52-55 頁。王詩淇「偽満洲国日語教育
問題的相関文献総述」『社会科学』、2019 年、
339-340 頁。

北川知子

大阪教育大学非常勤講師。国語科教育学。
「植民地朝鮮の国語教科書がめざした『日
本人化』―芦田恵之助が編纂した『朝鮮読
本』から―」（佐藤広美・岡部芳広編『日
本の植民地教育を問う 植民地教科書には
何が描かれていたのか』皓星社 2020 年）、
『日本統治時代・朝鮮の「国語」教科書が
教えてくれること』（風響社・植民地教育
史ブックレット、2022 年）など。

黒川直美

東京外国語大学大学院科目履修生。1967
年生まれ、専修大学博士課程単位取得退学。
「統計資料と聞き取り調査から見る「満洲
国」の女子教育」（『Север』第 37 号、
2021 年）、『満洲国の青春 1, 2』（Kindle 出版、
2020 年公開）など。

船越亮佑

岩手大学教育学部准教授。文学・教育学。「満
洲事情案内所の『満洲の伝説と民謡』編纂
と教育―谷山つる枝による民間説話の蒐集
と利用―」『昔話―研究と資料―』第 45 号
（2017 年 3 月）、「『東北読本』における郷
土教育と「満洲」移植民政策―山形県最上
郡新庄尋常高等小学校の教科書研究―」『学
芸国語国文学』第 49 号（2017 年 3 月）。

宮脇弘幸

元宮城学院女子大学教授、大連外国語大学
客員教授。社会言語学専攻。『日本語教科
書―日本の英領マラヤ・シンガポール占領
期（1941―45）―』全 6 巻（復刻）解題「占
領下マラヤ・シンガポールにおける教育と
日本語教科書」（龍溪書舎、2002 年）、『南
洋群島 国語読本』全 8 巻（復刻）解説「南
洋教育と「国語読本」」（大空社、2006 年）、
『日本の中国侵略期における植民地教育政
策』監修（台湾・致良出版社、2010 年［原
著『日本侵華時期殖民教育政策』武強遼寧
教育出版社、1994 年］）など。

中田敏夫

中京大学社会科学研究所特任研究員。国語
学・社会言語学専攻。「外国にルーツのあ
る子どもと学び拡げることばの世界」（『日
本語学』第 445 号、2015 年）、「明治期教
科書編纂者杉山文悟と『台湾教科用書国民
読本』の仮名遣いについて」（共著、『社会
科学研究』第 40 巻第 2 号、中京大学社会
科学研究所、2019 年）など。

白恩正

帝京大学助教。博士（社会学）。「米軍政期
韓国におけるプロテスタントと歴史清算」
（中野毅・平良直・粟津賢太・井上大介編『占
領改革と宗教―連合国の対アジア政策と複
数の戦後世界』専修大学出版局、2022 年 9
月、499-531 頁）、「朝鮮総督府発行『初等
地理書』と編纂者田中啓爾」（『南洋群島・
南方占領地、満州教育史研究の蓄積と課題』
（植民地教育史年報 23 号）皓星社、2021
年 3 月、54-75 頁）など。

佐藤由美

専修大学教授。教育史専攻。「旧制金川中
学校の台湾・朝鮮留学生」（アジア教育学
会『アジア教育』第 11 巻、2017 年）、「大正・
昭和戦前期の中等教育機関と朝鮮人「留学
生」」（専修大学人文科学研究所『人文科学
年報』第 52 号、2022 年）など

斉紅深

大連市市民オーラルヒストリー研究センター研究員、国家図書館中国記憶プロジェクトセンター顧問、大連理工大学客員教授。日本侵華植民地教育を受けた人々への取材、整理、研究を長期にわたって行う。主要業績として『学校志概論』『教育志学』『中国教育監督鋼鑑(原題:中国教育督導鋼鑑)』『東北地方教育史』『満族教育史』『日本侵華教育史』『「満洲」オーラルヒストリー―「奴隷化教育」に抗して』『抹殺できない罪状-日本侵華教育口述史(原題:抹殺不了的罪証)』『流浪-抗戦期間東北難民学生口述(原題:流亡)』『暗黒下のわずかな光-偽満洲国文学青年および日本の当事者の口述(原題:黒暗下的星火)』『「関東州」歴史記憶』。現在は日本の対華精神侵略民間史料研究を行っている。

渡部宗助

国立教育政策研究所名誉所員。『日本植民地教育史研究』(科研報告書、国立教育研究所、1998)、『日中教育の回顧と展望』(科研報告書、国立教育政策研究所、2000年)、『教育における民族的相克』(竹中憲一との共編、東方書店、2000年)、「教員の海外派遣の政策史と様態」(小島勝編著『在外子弟教育の研究』玉川大学出版部、2003年)、「1910年前後の日本の歴史教育―その状況・教育課程・教科書-」(『植民地教育史研究年報』第13号、皓星社、2011年)、「植民地教育と「新教育」-その課題・対象・方法-」(科研費報告書・『日本植民地・占領地教科書と「新教育」に関する総合的研究』代表者・西尾達雄、北海道大学、2013年)など。

新保敦子

早稲田大学教育・総合科学学術院教授。『我的教師之路』(中国語、編著、教育科学出版社(北京)、2014年)、『中国エスニック・マイノリティの家族―変容と文化継承をめぐって―』(編著、国際書院、2014年)、『超大国・中国のゆくえ 5 勃興する「民」』(共著、東京大学出版会、2016年)、『日本占領下の中国ムスリム―華北および蒙疆における民族政策と女子教育―』(単著、早稲田大学出版部、2018年)、Ethnic minorities in China under Japanese occupation: the Muslim campaign and education during the Second Sino-Japanese War, Journal of Contemporary East Asia Studies, Routledge, February, 2021, pp.1-13.

井上薫

釧路短期大学教授。「植民地朝鮮ではどのように農業を教えようとしたか―稲にかかわる理科との連携を中心に―」(佐藤広美・岡部芳広編『日本の植民地教育を問う 植民地教科書には何が描かれていたのか』皓星社 2020年)、「日帝下朝鮮における実業教育政策―1920年代の実科教育、補習教育の成立過程」(渡部宗助・竹中憲一編『教育における民族的相克』、東方書店、2000年)など。

『植民地教育史研究年報』投稿要領

投稿要領

①投稿の申し込み締め切り日は、毎年7月31日とする（編集委員会必着）。

②投稿は、葉書、メール、または、ファックスにより、以下を記入の上、編集委員会に申し込む。名前、標題（30字以内）、区分（研究論文、研究ノート等）、連絡先

③申込・提出先（編集委員会）は、研究会事務局に問い合わせること。

④投稿原稿提出の締め切り日は、毎年9月30日とする（編集委員会必着）。

⑤研究論文等の投稿は、会員に限る。

⑥応募原稿は未発表のものに限る。ただし口頭で発表したものは、この限りでない。

⑦掲載が決定した場合は、会員である執筆者は、投稿原稿、依頼原稿に関わらず掲載料を支払うものとする。掲載料は以下のとおりとし、本研究会より該当の『年報』を3冊贈呈する。・専任職にある会員：6000円（送料込み）・上記以外の会員：3000円（送料込み）

⑧掲載原稿の著作権は、研究会に帰属する。ただし著者は、研究会に連絡して、転載することができる。

⑨投稿原稿は日本語によるものとする。

執筆要領

⑩原稿の分量は次のとおりとする（本文・注・図・表などすべてを含む。分量厳守のこと）。

研究論文：20,000字

研究ノート・研究方法・研究動向：8,000字

旅の記録・研究資料：6,000字

気になるコトバ：4,000字

⑪投稿原稿等の提出要領（掲載される・されないに関わらず以下の書式によること）

1. 次の項目を書いて添付する。
   (1) 標題・著者名・所属（和文・外国語で表記のこと）、(2)著者紹介（最近の研究業績は2本以内）、(3)連絡先（住所、電話番号、ファックス番号、メールアドレス）

2. 電子データ原稿を原則とする。

3. 「図表、写真等のデータ」の取り扱い。
   (1) 文字原稿データと図表・写真等はデータを分けて提出すること。
   (2) 表は、ワードではなくエクセルで作成すること。
   (3) 「図表、写真等のデータ」には番号を振り、本文中の位置を指示すること。
   (4) 写真はモノクロでの印刷となる。
   (5) 脚注機能を使用せず、入稿時には本文に注番号も含めて記入すること。
      例：「……必要が起こるのであります。」（注15、塩原時三郎「東亜に於ける日本帝国の使命」『文教の朝鮮』1937年12月、30頁。）しかし、……

⑫ 執筆者による校正は一度（初校）限りとする。校正時の大幅な修正は認めない。

編集委員会

⑬原稿の採否は編集委員会が決定する。

⑭研究論文と研究ノートは、別に定める審査要領に基づく審査を経て、編集委員会が採否を決定する。

⑮書評は、別に定める書評選考規程に基づいて、編集委員会が採否を決定する。

⑯編集委員会は原稿の内容・表現等について、著者に修正・書き直しを求めることがある。また、編集委員会で用字・用語等について、修正・統一をすることがある。

⑰編集委員会は必要に応じて、会員、非会員に原稿執筆を依頼することができる。

CONTENTS

IV. Historical Materials Introduction

V. Field Work Reports

VI. In Memoriam of Professor Takenaka Ken'ichi

植民地教育史研究年報　第25号
Reviews of Historical Studies of Colonial Education vol.25

植民地教科書と「アジア民衆像」
Colonial Textbooks and "Images of Asian Peoples"

編集
日本植民地教育史研究会運営委員会（第Ⅷ期）
The Japanese Society for Historical Studies of Colonial Education

代表：岡部芳広
運営委員：宇賀神一・北川知子・合津美穂・佐藤広美・滝澤佳奈枝・
　　　　藤森智子
事務局長：山本一生
事務局員：清水知子・白恩正・北島順子・松岡昌和・大石茜・
　　　　黒川直美
年報編集委員会：丸山剛史（委員長）・小林茂子（副委員長）・
　　　　井上薫・陳虹彣・一盛真・白恩正・大石茜
事務局：鹿児島県鹿屋市白水町1番地
　　　　鹿屋体育大学スポーツ人文・応用社会科学系
　　　　山本一生研究室

TEL　0994-46-4936
URL　https://colonial-edu.blog.jp/
E-mail　japancolonialeducation@gmail.com
郵便振替：00130-9-363885

発行　2023年3月31日
定価　2,000円＋税
　　　発行所　　　株式会社 皓星社
　　　〒101-0051　千代田区神田神保町3-10 宝栄ビル6階
　　　電話：03-6272-9330　FAX：03-6272-9921
　　　URL https://www.libro-koseisha.co.jp/
　　　E-mail：book-order@libro-koseisha.co.jp

装幀　藤巻亮一
印刷・製本　精文堂印刷株式会社
ISBN978-4-7744-0782-1